안중근
재판정
참관기

안중근 재판정 참관기

100년 전, 안중근 의사와 일본인 재판관이 벌인 재판정 격돌, 현장 생중계!

초판 1쇄 발행 2015년 8월 14일
초판 10쇄 발행 2023년 5월 10일

엮은이   김흥식
펴낸이   이영선

편집   이일규 김선정 김문정 김종훈 이민재 김영아 이현정 차소영
디자인   김회량 위수연
독자본부   김일신 정혜영 김연수 김민수 박정래 손미경 김동욱

펴낸곳 서해문집 | 출판등록 1989년 3월 16일(제406-2005-000047호)
주소 경기도 파주시 광인사길 217(파주출판도시)
전화 (031)955-7470 | 팩스 (031)955-7469
홈페이지 www.booksea.co.kr | 이메일 shmj21@hanmail.net

이 도서의 국립중앙도서관 출판예정도서목록(CIP)은 서지정보유통지원시스템 홈페이지(http://seoji.nl.go.kr)와 국가자료공동목록시스템(http://www.nl.go.kr/kolisnet)에서 이용하실 수 있습니다.(CIP제어번호: CIP2015020954)

안중근 재판정 참관기

100년 전, 안중근 의사와
일본인 재판관이 벌인
재판정 격돌, 현장 생중계!

김흥식 엮음

서해문집

일러두기

- 이 책은 안중근 의사의 재판 과정을 속기한 《만주일일신문》 기자의 속기록을 따른 것이다.
- 재판 기록을 모두 다루기에는 분량이 매우 방대해, 이 책에서는 안중근 의사와 함께 공판을 받은 다른 이들에 대한 기록은 제하고 안중근 의사에 대한 공판 위주로 살펴볼 것이다. 따라서 총 여섯 번의 공판 중 썩 중요하지 않은 세 번째 공판은 이 책에서는 다루지 않는다.
- 신문 및 공판 기록을 인용하면서 어려운 단어, 지금의 표기 및 법률용어와 다른 부분은 본래 의미를 왜곡하지 않는 범위에서 이해하기 쉽도록 고쳐 썼다.
- 일본의 신문 및 공판 기록에는 한 사람의 이름이 여러 가지로 중복돼 표기되는 것을 볼 수 있다. 이는 항일운동 중 각자의 신원을 보호하기 위해 여러 가명을 사용한 때문인데, 이 책에서는 혼란을 피하기 위해 처음부터 하나의 이름으로 통일했다. 공판 기록 속 안응칠은 안중근, 우연준은 우덕순, 류강로는 유동하로 표기했다.
- 1897년 '조선'은 '대한제국'이 되었으나 이 책에서는 상황과 문맥에 따라 '조선' '대한제국' '조선인' '한국인' 등을 혼용했다.

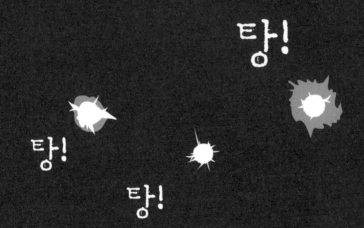

1909년 10월 26일
하얼빈역에 울려 퍼진 세 발의 총 소리.
일본 초대 총리이자 제1대 대한제국 통감이었던
이토 히로부미가 괴한의 총탄에 맞아 쓰러졌다.
하얼빈 의거였다.

이토에게 총을 겨눈 안중근 의사는 현장에서 바로 붙잡혀
뤼순감옥에 수감되었고 뤼순관동법원 재판정에서
여섯 번의 공판을 받는다.

재판정 입장 전 알아 두어야 할
여섯 가지 주의사항

첫 번째 주의사항

재판의 종류에는 여러 가지가 있는데, 그 가운데 대표적인 것이 형사재판과 민사재판이다.

형사재판은 형법刑法, 즉 어떠한 행위가 범죄인지, 그리고 그러한 범죄를 어떻게 처벌할 것인지 규정한 법을 위반한 사람을 재판하는 것이다.

우리가 일반적으로 '범죄'라고 일컫는 살인죄나 강도죄, 국가보안법, 내란죄 같은 엄청난 죄부터 명예훼손죄, 가게에서 사탕 하나를 훔쳤을 때 적용되는 절도죄에 이르기까지 공공의 이익을 해치는 대부분의 범죄가 형법에 해당한다.

형법을 어겼을 때는 원고, 즉 법원에 대하여 권리보호를 요구하는 역할을 검찰이 담당한다. 그러니까 아무리 가게 주인이 물건을 도둑맞아 억울하다고 해도 가게 주인이 직접 재판을 요구할 수는 없다. 오로지 검찰만이 도둑을 대상으로 재판을 요구할 수 있는 것이다. 이를 '기소독점주의'라고 하는데, 형사사건의 피의자(범죄 혐의를 받아 수사기관에 의해 수사 대상이 된 사람)에 대한 공소(검사가 특정 형사사건에 대해 법원의 재판을 구하는 신청) 제기 권한은 검사에게만 있다는 원칙이다.

반면 민사재판은 개인 사이의 이해관계가 충돌할 때 옳고 그름을 법원이 판단해 주는 재판을 가리킨다. 민사재판에서는 법원에 대하여 권리보호를 요구하는 원고, 그리고 고소를 당한 피고 모두 개인(법인, 즉 단체나 회사 등도 가능한데, 국가가 관여하지는 않는다.)이 된다.

예를 들면 내 돈을 빌려가 갚지 않는 사람이 있다고 치자. 내가 법원에 돈을 빌린 사람을 상대로 재판을 요구할 수 있는데, 이때 나는 원고가 되고 상대방은 피고가 되는 것이다.

우리가 방청하게 될 안중근 의사의 재판은 안중근 의사가 이토 히로부미를 저격해 죽인 사건이므로 형사재판에 해당한다. 그래서 원고는 검찰관(검사), 피고는 범죄를 저지른 안중근 의사가 되는 것이다.

두 번째 주의사항

재판정에서는 법원을 대표하는 판사, 원고, 피고, 그리고 변호사만이 발언할 수 있다. 그 외에 재판에 반드시 필요한 증인의 경우에는 판사의 허락을 받아 발언할 수 있다.

형사사건에서는 피고 측만 변호사를 선임할 수 있는데, 이는 원고인 검사가 법률 전문가이므로 또 다른 법률 전문가의 도움이 필요하지 않기 때문이다. 반면 민사사건에서는 원고 측과 피고 측 모두 변호사를 선임할 수 있는데, 이는 원고와 피고 모두 법률 전문가가 아니기 때문이다.

한편 피고가 변호사를 선임할 경제적 능력이 없거나 다른 이유로 변호사를 구하지 못한 경우, 피고의 권리보호를 위해 의무적으로 나라에서 변호사를 선임해 주는데 이를 '국선변호사제도'라고 한다. 국선변호사란 '나라 국(國), 뽑을 선(選)', 즉 나라에서 선발한 변호사를 가리킨다.

안중근 의사와 또 다른 피고들을 위해서 변호를 담당하는 변호사는 모두 두 사람이었다. 하지만 두 사람 모두 일본인 국선변호사다.

안중근 의사를 변호하기 위해 안중근 의사의 가족은 한국인 변호사를 선임했으며, 외국인 변호사들 또한 자발적으로 안중근 의사를 변호하기 위해 법원에 직접 변호를 요청했다. 그러나 법원은 이를 모두 거절하고 자신들이 선발한 일본인 국선변호사에게 변호를 맡겼다. 이에 대해 안중근 의사는 강력하게 항의했으나 받아들여지지 않았다.

세 번째 주의사항

피의자를 재판에 넘기는 일, 즉 공소를 제기하기 위해서는 피의자의 범죄 사실을 확인해야 한다. 이 역할을 재판 전에 담당하는 이가 바로 검사다. 그래서 검사는 재판이 있기 전 피의자 신문訊問을 통해 범죄 사실도 확인하고 증거도 수집함으로써 피의자의 범죄 사실을 법원에서 입증하기 위해 노력한다.

피의자 신문을 통해 범죄를 저지른 것이 분명하다고 판단되면 검사는 피의자를 재판에 넘기는데, 이때부터 피의자는 '피고'가 된다.

그리고 피고가 되어 재판을 받게 되면 그 전에 검사가 피의자를 신문하면서 작성한 자료를 법원에 제출한다. 그러면 법관은 이를 바탕으로 피고를 신문한다.

안중근 의사를 비롯한 관련자들 또한 재판을 받기 전 검사로부터 피의자 신문을 받고 피고로 재판정에 섰다. 그리고 안중근 의사 등 관련자들의 피의자 신문 조서 또한 법원에 제출되었다. 그래서 판사의 신문 내용 가운데는 검사의 피의자 신문 조서에 관한 내용이 자주 등장하는데, 이는 재판을 방청하는 방청객들은 모르는 내용이다.

네 번째 주의사항

재판은 특별한 경우가 아니라면 삼심제도三審制度, 즉 한 사건에 대하여 세 번 재판을 받을 수 있는 제도로 운용된다.

안중근 의사 또한 세 번의 재판을 받을 수 있는 기회가 있었다. 그러나 안중근 의사는 단 한 번의 재판을 받은 후 더 이상의 재판을 요구하지 않았다. 당시 안중근 의사는 '사형'이라는 가장 극단적인 판결을 받았기 때문에 사형을 피하기 위해서라도 두 번의 재판 기회를 이용하는 것이 당연하다고 여기는 사람이 많았다.

그렇다면 왜 안중근 의사는 남은 재판을 포기하고 순순히 사형 판결을 받아들였을까?

　안중근 의사는 일본 정부를 상대로 목숨을 살려 달라고 구걸하고 싶지 않았던 것이다.

　안중근 의사는 이토 히로부미를 저격, 살해하여 전 세계에 한국인의 기상을 높이고 일본의 침략과 만행을 널리 알리고자 하는 목적을 이미 달성하였다.

　게다가 재판은 일본 당국의 뜻에 따라 형식적으로 진행되고 있었다. 따라서 더 이상 그들의 요구에 따라 행동하는 것은 무의미할 뿐 아니라 목숨을 구걸하는 일에 지나지 않음을 안중근 의사도 잘 알고 있었던 것이다.

　또 하나, 안중근 의사가 항소를 포기한 중요한 계기가 있었는데 바로 안중근 의사의 어머니가 안 의사에게 보낸 편지이다.

　네가 만약 늙은 어미보다 앞서 죽는 것을 불효라 생각한다면 이 어미는 웃음거리가 될 것이다. 너의 죽음은 너 한 사람의 것이 아니라 조선인 전체의 공분을 짊어지고 있는 것이다. 네가 항소한다면 그것은 일제에 목숨을 구걸하는 짓이다. 네가 나라를 위해 이에 이른 즉 다른 마음먹지 말고 죽어라. 옳은 일을 하고 받은 형이니 비겁하게 삶을 구하지 말고 대의에 죽는 것이 어미에 대한 효도다.

아마도 이 편지가 어미가 너에게 쓰는 마지막 편지가 될 것이다. 여기 너의 수의를 지어 보내니 이 옷을 입고 가거라. 어미는 현세에서 너와 재회하기를 기대하지 않으니, 다음 세상에는 반드시 선량한 천부의 아들이 되어 이 세상에 나오너라.

어머니께서 보낸 이 편지를 받은 안중근 의사가 더 이상 재판에 연연하며 일제를 향해 목숨을 구할 리 없는 것은 당연한 일이었다.

이것이 안중근 의사가 한 번의 재판만을 받고 사형을 당한 까닭이다.

다섯 번째 주의사항

우리는 지금부터 안중근 의사 재판을 방청하기 위해 뤼순관동법원 재판정으로 입장할 것이다. 재판정에 입장하면 재판에 영향을 미치거나 방해가 되는 일체의 행위를 해서는 안 된다. 소리를 지르거나 소란을 떨면 즉시 퇴장 명령을 받게 되는데, 이는 모든 나라의 그 어떤 재판에서든 마찬가지다.

한편 특별히 재판부에서 허락한 경우를 제외하고는 재판정 내부를 촬영하거나 녹음·중계하는 등의 행동도 할 수 없다. 그래서

뤼순관동법원 재판정에서 열린 공판 모습. 맨 앞줄 왼쪽부터 유동하, 조도선, 우덕순, 안중
근 의사가 앉아 있다.

안중근 의사 재판 모습을 삽화로 그려 보도한 《만주일일신문》기사.

재판정 내부를 촬영한 사진이나 동영상은 존재하지 않는다. 다만 주요한 재판의 내용을 시민들에게 알리기 위해 방청석에서 재판정 모습을 그려 신문 등을 통해 전하는 경우가 종종 있다.

안중근 의사 재판의 경우에도 마찬가지였다. 그래서 안중근 의사 재판과 관련한 사진 자료는 처음 입장해서 자리에 앉아 있는 모습을 담은 몇 장이 전부다.

또한 재판 과정을 기록한 내용도 방청석에 자리한 채 속기速記한《만주일일신문》기자의 속기록에 따른 것이다. 그래서 우리는 이 기자의 속기록에 따라 안중근 의사의 재판 내용을 참관하게 될 것이다.

여섯 번째 주의사항

이토 히로부미 저격 사건에 관련된 피고는 거사를 일으킨 안중근 의사와 거사를 도운 우덕순, 조도선, 유동하, 모두 네 명이고 이들은 안중근 의사와 함께 재판을 받았다.

네 명에 관한 재판 기록은 매우 방대해서 이들 모두의 재판을 방청하는 것은 시간도 오래 걸릴 뿐 아니라 썩 중요하지 않은 내용도 많다. 그런 까닭에 우리는 안중근 의사와 관련된 재판 내용을 중심으로 방청할 것이며, 다른 분들과 관련된 내용은 안중근 의사와 밀접한 연관이 있을 때만 살펴볼 것이다.

　자, 그럼 지금부터 안중근 의사 재판을 방청하러 입장하기로 하
겠다.
모두 조용!

1910년
2월 7일
개정

1910년
2월 8일
개정

첫 번째 공판

1910년 2월 7일 개정

미나베 재판장이 안중근 의사에 대한
심문을 시작한다.

재 (재판장)　그대 이름은 무엇인가?

안 (안중근)　안응칠*이라고 한다.

재　나이는 몇 살인가?

안　서른한 살이다.

재　직업은 무엇인가?

안　없다.

재　체포될 때까지 어디에 있었나?

안　블라디보스토크* 부근에 있었다.

재　현재 사는 곳의 주소는 어디인가?

안　일정한 곳에 살지 않는다.

재　원적*은 조선 어디인가?

안　평안도 진남포다.

(우덕순에게)

재　그대 이름은 무엇인가?

우 (우덕순)　우덕순*이라고 한다.

안응칠
응칠應七이라는 이름은
아이 때 이름인데, 태어날
무렵 가슴과 배에 북두칠
성 모양의 점이 7개 있다
고 해서 붙여진 이름이다.

블라디보스토크
극동 러시아의 항구도시.
블라디보스토크라는 명
칭은 '동방을 다스린다'는
뜻이다.

원적
호적법에서, 결혼이나 입
양 따위로 적을 옮기기 전
본래의 호적을 이르는 말.

재 나이는 몇 살인가?

우 서른네 살이다.

재 직업은 무엇인가?

우 장사를 한다.

재 무슨 장사를 하는가?

우 담배 행상을 한다.

재 현재 사는 곳의 주소는 어디인가?

우 블라디보스토크에 사는 '고준문'이라는 한국인의 집이다.

재 원적은 조선 어디인가?

우 경성 동대문 안 양사동*이다.

재 출생지는 어디인가?

우 충청도 제천이다.

(안중근에게)

재 이름이 '안응칠'이라고 했는데 언제부터 안응칠이라고 불렀나?

안 조선에 살 때는 안중근이라고 했지만 블라디보스토크로 온 후에는 안응칠이라고 불렀다.

재 그렇다면 최근에는 안응칠이라고만 했나?

우덕순
안중근 의사와 함께 이토 히로부미 저격을 모의했다. 우덕순 외에도 조도선, 유동하가 하얼빈 의거에 가담했다.

양사동
오늘날의 서울시 종로6가 지역.

안　그렇다.

재　그게 언제부터인가?

안　3년 전부터다.

재　부모님은 모두 살아 계신가? 살아 계시면 어디에 사시는가?

안　아버님은 돌아가셨다. 어머님은 평안도 진남포에 계시다.

재　부친의 이름은 무엇이며 언제 돌아가셨나?

안　안태훈安泰勳이라고 한다. 5년 전에 돌아가셨다.

재　부친은 조선에서 관리를 지내셨는가?

안　진사를 지내셨다.

재　진사란 무엇인가? 관리인가?

안　과거에 급제한 사람을 부르는 호칭이다. 관리는 지내지 않으셨다.

재　부친이 살아 계실 때는 어디에 사셨나?

안　처음에는 황해도 해주에 사셨고, 그 후에는 황해도 신천으로 이사하셨다.

재　부친은 돌아가시면서 재산을 남기셨는가?

안　많은 재산을 남기셨다.

재　얼마나 되는가?

안　수천 석*의 수입이 있었다.

재　그 재산은 지금도 남아 있는가?

석
석은 '섬'이라고도 하는 무게 단위인데, 오늘날 도량형으로는 벼로 약 200킬로그램에 해당한다.

안   점점 줄어들어 지금은 수백 석밖에 되지 않는다.

재   형제는 몇이나 되나?

안   삼형제다.

재   형제들 이름이 어떻게 되나?

안   바로 아래 동생이 정근定根, 막내가 공근恭根이다.

재   그대는 어떤 교육을 받았는가?

안   한문을 배웠다.

재   한문은 어느 정도까지 배웠나?

안   《동몽선습》과《자치통감》,《사서삼경》 정도를 배웠다.

재   그 밖에 외국어를 배운 적은 없나?

안   예전에 프랑스어를 잠깐 배운 것 말고는 없다.

재   어디에서 배웠는가?

안   신천에서 프랑스 선교사 홍석구 신부로부터 배웠다.

재   일본어나 러시아어는 모르는가?

안   모른다.

재   프랑스 선교사로부터 프랑스어를 배웠다면 천주교를 믿는단 말인가?

안   천주교를 믿고 있다.

재   가족 모두 천주교를 믿는가?

안   그렇다.

안중근 의사의 가족사진. 부인 김아려金亞麗 여사와 아들 그리고 딸의 모습이다. 사진은 1908년에 찍은 것으로 추정된다.

재 가족은 어떻게 되는가?

안 열여섯 살에 혼인을 해 아내와 딸 하나, 아들 둘이 있다. 아내 나이는 올해 서른두 살이다.

재 지금 그대는 직업이 없다고 했는데 가족을 어떻게 부양하고 있는가?

안 고향에 재산이 많아 그것으로 부양할 수 있다.

재 가족과는 함께 사는가?

안 3년 전에 가족을 떠나왔다.

재 그렇다면 3년 전부터는 집에서 도움을 받지 않는단 말인가?

안 고향을 떠나올 때는 약간의 노잣돈을 가지고 왔으나 블라디보스토크에 온 후 돈이 떨어져 그 후로는 여러 촌락을 다니며 유세를 하여 유지들로부터 보조를 받으며 살았다.

재 그대는 고향을 떠나온 이래 3년 동안 무엇을 목표로 하고 살았는가?

안 목표 가운데 첫 번째는 한국의 교육을 꾀하는 것이요, 두 번째는 한국의 의병으로서 나라를 위해 이곳저곳을 다니며 연설을 하는 것이었다.

재 그러니까 나라를 위해 무언가를 해야겠다는 생각이 있어 지난 3년 동안 낯선 타국에서 한국의 독립을 위해 분주히 활동했다는 말인가?

안　당연하다. 그것을 위하여 최선을
다해 왔다.

재　그렇다면 3년 전 집을 떠날 때는
무슨 생각을 가지고 있었으며 그 동기
는 무엇이었는가?

안　내가 조국에 대해 품은 사상은 수
년 전부터 가진 것이었다. 그런데 5년 전 러일전쟁이 일어나던 무
렵 그 뜻이 더욱 절실해졌다. 그 후 5개조 한일조약*이 성립되었고,
이어서 1907년에는 7개조 조약*이 체결되었다. 이에 격분하여 고
향을 떠나 외국으로 온 것이다.

재　그렇다면 그때 나라의 앞날을 위해 무언가를 해야겠다는 생
각을 품었단 말인가?

안　그렇다. 그 이유는 다음과 같다.

　　1904년 러일전쟁이 발발하자 일본 천황은 조칙을 통해 동양
의 평화를 유지하고 한국의 독립을 확고히 한다는 취지의 발언을
해 한국인들은 매우 감격하였다.

　　그래서 일본인과 같은 마음이 되어 러일전쟁에 참가하여 일
본을 돕고자 한 사람도 적지 않았다. 그 후 러일전쟁이 일본의 승
리로 끝나자 한국인들은 마치 자기 일처럼 기뻐하였다. 드디어 한
국의 독립이 견고해졌다고 믿은 것이다.

5개조 한일조약
을사늑약을 가리킨다.

7개조 조약
정미7조약을 가리킨다.

망국으로 가는 길목, 을사늑약과 정미7조약

을사늑약 1905년 을사년에 러일전쟁에서 승리한 일본이 대한제국의 외교권을 빼앗기 위해 강제로 체결한 조약을 말한다. 한일협상조약, 제2차 한일조약, 을사 보호조약이라고도 부른다. 을사늑약의 핵심은 '외교권 박탈'이다. 즉, 대한제국이 맺는 모든 조약이나 협정을 일본이 대신 맺어 준다는 것이다. 이것은 명백한 주권 박탈이다. 이토 히로부미는 이 을사늑약을 추진해 우리나라가 일본에 넘어가는 데 가장 큰 역할을 한 장본인이다. 외교권을 빼앗은 일본은 통감부를 설치하여 노골적 으로 대한제국에 간섭하기 시작했다.

다음은 을사늑약의 내용이다.

제1조 일본 정부는 동경 소재 외무성을 거쳐 향후 한국의 외국에 대한 관계 및 사 무를 감리·지휘하고, 일본의 외교 대표자와 영사는 외국에 주재한 한국 신민과 이 익을 보호한다.

제2조 일본 정부는 현재 한국과 타국 사이에 현존하는 조약의 실행을 완전히 하 는 임무를 담당하고, 한국 정부는 이후 일본 정부의 중개를 통하지 아니하고 국제 적 성질을 갖는 어떠한 조약이나 약속도 일체 하지 않기로 약속한다.

제3조 일본 정부는 한국 황제의 대궐 아래 1명의 통감을 두되, 통감은 전적으로 외교에 관한 사항을 관리하기 위하여 경성에 머물면서 직접 한국 황제를 알현하는 권리를 가짐. 일본 정부는 또한 한국의 각 개항장 및 기타 일본 정부가 필요하다고

안중근 재판정 참관기
030

을사늑약이 체결된 덕수궁 중명전.

인정하는 지역에 이사관을 설치할 권리를 가지며, 이사관은 통감의 지휘 아래 종래

한국에 머물던 일본 영사에게 속한 일체의 직권을 집행하고, 아울러 본 협약의 조

항을 완전히 실행하는 데 필요한 일체 사무를 관리한다.

제4조　일본과 한국 간 조약과 약속은 본 협약 조항에 저촉되지 않는 한 그 효력이

계속된다.

제5조　일본 정부는 한국 황실의 안녕과 존엄을 유지할 것을 보증한다.

정미7조약　고종이 네덜란드 헤이그에서 열린 제2차 만국평화회의에 특사를 파

견한 것이 발각된 후, 일본은 그 보복으로 고종을 퇴위시키고 1907년 정미7조약

을 체결했다. 한일신협약이라고도 부르는 이 조약으로 대한제국의 주권은 사실상

일본에게 모조리 넘어갔다. 일본인 통감이 법령을 제정하고 주요 정책을 결정할 뿐 아니라 관리까지 임명할 수 있게 됐고 정부 주요 부서에는 일본인 차관이 임명되었다. 특히 대한제국의 경찰권을 넘겨받고 군대를 해산한 것은 대한제국의 무력을 완전히 해체시킨 것과 다름없는 일이었다. 정미7조약이 체결되고 나서 3년 후 대한제국은 일본에 병합되었다.

다음은 정미7조약의 내용이다.

1. 대한제국 정부는 시정 개선에 관하여 한국 통감의 지도를 받을 것.

2. 대한제국 정부는 법령 제정 건과 주요 행정 처분에 관하여 한국 통감의 동의를 얻을 것.

3. 대한제국은 사법 사무와 행정 사무를 구분하여 처리할 것.

4. 한국 정부의 고관대작을 임면할 시, 한국 통감의 동의를 받을 것.

5. 대한제국은 한국 통감이 추천한 일본인을 한국의 각료로 중용할 것.

6. 대한제국은 한국 통감의 동의 없이 함부로 외국인을 관료로 임용하지 말 것.

7. 광무 8년 8월 22일에 조인한 '한일 외국인 고문 용빙에 관한 협정서'의 제1항을 즉시 효력 정지시킬 것.

그런데 이토 히로부미가 한국의 통감*으로 부임한 이후 5개 조약을 체결하였는데, 이는 한국의 독립을 공고히 하겠다는 일본 천황의 발언과는 정반대 내용이었으므로 한국인들의 마음은 몹시 상하게 되었다. 그래서 이에 반발하는 백성들이 많았다. 2년 후인 1907년에는 다시 7개조 조약을 체결하도록 강요하였다. 이는 앞서 체결된 5개조 조약과 마찬가지로 한국 황제가 친히 옥새를 찍은 것도 아닐뿐더러 한국의 총리대신**이 동의하지도 않았는데 이토 통감이 강압적으로 체결한 것이다. 이 때문에 한국인들은 위로부터 아래에 이르기까지 모두 이를 인정하지 않았을 뿐 아니라 불복한 것이다. 그리고 분개한 나머지 이를 세계에 발표하고자 노력한 것이다.

본래 우리나라는 4천 년 이래 무력을 내세운 나라가 아니라 문장으로 세운 나라다.

재 국가를 위해 이런 일을 하지 않으면 안 되겠다는 목표는 어

✼
통감은 대한제국 때에 일본이 설치한 통감부의 장관을 말한다. 이 통감이라는 직책은 을사늑약 안에 포함된 것이기 때문에 을사늑약 이전에는 통감 직책이 없었다. 이 무렵 이토 히로부미의 직책은 주한駐韓특파대사였으며, 특파대사의 직위로 을사늑약 체결을 추진했다. 따라서 안중근이 말한 이 내용은 사실과 다르다.

✼✼
정미7조약이 맺어질 당시 총리대신은 이완용이었다. 따라서 이완용이 조약에 동의하지 않았다는 말은 사실과 다르다. 반면 을사늑약 당시 참정대신이었던 한규설은 끝까지 조약에 반대했다.

떻게 갖게 되었는가?

안 이토는 일본 지도층 인사로 막강한 권력을 가지고 있다. 그가 한국에 통감으로 부임하여 5개조, 7개조 조약을 힘을 앞세워 강제로 맺게 한 것은 일본

하얼빈
중국에서도 가장 추운 지역으로 꼽히는 북동부 헤이룽장 성의 중심 도시. 한자로는 합이빈哈爾濱이라고 한다.

천황의 뜻에 부합하는 것이 아니므로 결과적으로 일본 천황을 속인 것이요, 한국의 모든 백성도 기만한 것이다. 그래서 이 자를 없애 오늘날 슬픈 지경에 빠져 있는 조국을 구하고자 한 것이다. 그렇게 하지 않으면 한국의 독립은 도저히 불가능할 것이라고 여겼기에 해치운 것이다.

재 언제부터 그런 생각을 했는가?

안 7개조 조약이 맺어진 때부터다.

재 블라디보스토크 주변에 3년 동안 있었다고 했는데, 처음부터 끝까지 그 목적 때문이었는가?

안 당연하다.

재 검찰관이 기소한 바에 따르면, 그대는 1909년 10월 26일 하얼빈* 기차역에서 이토 공작을 총기로 살해하고 그의 수행원 몇 명에게 부상을 입혔다는데, 이 사실을 인정하는가?

안 그렇다. 나는 저격을 했지만 그 후에 그들이 어떻게 되었는지는 모른다.

을사늑약을 체결하고 난 후 찍은 기념사진.
사진 속 맨 앞줄 가운데 앉아 있는 이가 바로
이토 히로부미다.

이토 히로부미

재 이런 일을 저지른 것은 앞서 말한 것처럼 3년 전부터 생각해 온 것을 실행에 옮긴 것에 지나지 않는가, 아니면 새로이 생각한 것인가?

안 3년 전부터 품고 있던 생각을 실행에 옮긴 것에 지나지 않는다. 또한 이 행동은 내가 한국의 의병 참모중장 자격으로 하얼빈 역에서 독립전쟁을 일으켜 이토를 죽인 것이기 때문에 결코 개인적인 것이 아니다. 따라서 나를 전쟁포로로 취급을 해야 함에도 한낱 살인자로 여기며 피고인 취급을 하는 것은 매우 잘못된 일이라고 생각한다.

재 그대는 하얼빈에 언제 왔나?

안 이토가 도착하기 4일 전인 10월 22일에 왔다.

재 그날 몇 시에 왔나?

안 오후 9시경으로 기억한다.

재 어디로부터 왔는가?

안 블라디보스토크를 출발하여 이튿날 도착했다.

재 출발할 때 동행자가 있었는가?

안 우덕순과 함께 떠났다.

재 우덕순과는 언제부터 친했는가?

안 작년부터 알고 지냈다.

재 우덕순 또한 그대와 정치적 생각이 같았는가?

안 본인의 생각은 모르겠으나 애국심을 품고 있다는 사실은 알고 있었다.

재 이 일을 실행에 옮길 때 우덕순과 상의하였는가?

안 우덕순을 찾아가 이토가 하얼빈에 온다니 함께 가서 죽이는 것이 어떤가 하고 상의하였다.

재 상의하러 간 것은 언제쯤인가?

안 출발하기 전날이었다.

재 네 목적을 이야기하자 우덕순이 즉시 동의하였는가?

안 아니다. 그래서 함께 가자고 했다.

재 다른 의견은 말하지 않았는가?

안 아무 말도 하지 않았다.

재 이토 공을 살해하기 앞서 어디서 죽인다든지 어떤 방법을 사용한다든지 하는 것을 상의하였는가?

안 정보가 새 나갈 것을 우려해 아무 말도 하지 않았다.

재 이토 공이 일본을 출발하여 만주를 순시한다는 사실을 안 것은 언제인가?

안 연추[*]에서 블라디보스토크로 나온 그날 알았다.

재 그 소식은 사람들에게 들었는가, 신문을 통해 알았나?

안 신문에서도 보고 소문으로도 들었다.

연추
러시아령 지방으로 두만강에서 멀지 않다. 현재 크라스키노 지역에 해당한다.

암살을 앞둔 세 사람의
마지막 기념사진

하얼빈 의거 3일 전 찍은 기념사진. 왼쪽부터 안중근, 우덕순, 유동하.

하얼빈 의거 3일 전 찍은 한 장의 기념사진. 사진 속 세 젊은이는 하얼빈 의거의 주역인 안중근, 우덕순, 유동하다. 이 세 사람은 어떻게 만나서 이토 히로부미를 암살하는 거사에 자신의 운명을 내던진 걸까?

세 사람이 만난 건 러시아에서였다. 젊어서부터 독립운동에 투신한 우덕순(禹德淳, 1879~1950)은 블라디보스토크로 가 담배 행상을 하다가 안중근 의사를 만났다. 우덕순은 블라디보스토크 항일운동의 중심 역할을 하던 교민단체신문《대동공보大東公報》의 회계원으로 일하였으며, 안중근 의사와 함께 의병 중대장으로 경흥·회령 일대에서 일본군과 교전하다가 체포되기도 하였다.

유동하(劉東夏, 1892~1918)는 아버지 유경집을 따라 러시아로 건너왔다. 그의 아버지 유경집은 원산에 가족을 남겨 두고 홀로 러시아 블라디보스토크에 이주해 약방을 경영하였다. 유동하는 3년간 부친과 소식이 끊겼다가 블라디보스토크로 이주하면서 다시 부친과 합류하였다. 이때 아버지 일손을 도와 약상에 종사하던 중 1909년 3월, 아버지 집을 방문한 안중근 의사를 만나게 되었다. 유동하의 부친은 안 의사를 돕기 위해 러시아에 능통했던 아들을 안중근 의사의 수행원으로 붙여 의거가 성공할 수 있도록 지원했다.

의거 당시 안중근 의사의 나이가 31세, 우덕순의 나이 34세, 유동하의 나이는 19세에 불과했다. 특히 십 대라는 어린 나이에 안중근 의사의 하얼빈 거사를 돕다가 공범으로 체포된 유동하를 보호하기 위해 재판 과정에서 안중근 의사, 우덕순, 조도선은 끝까지 유동하가 의거 계획을 몰랐다고 진술하였다.

각자의 삶을 살다가 조국이 일제에 짓밟히고 이토 히로부미가 동양의 평화를 망치는 주범이라는 데 생각이 모인 세 사람은, 그 후 이토가 러시아를 방문한다는 소식을 듣고 함께 블라디보스토크로 가 이토를 살해하기로 모의하였다.

세 사람은 23일 아침에 이발소에서 머리를 단장하고 하얼빈공원(현재 조린공원)에서 의거계획을 꼼꼼히 점검하였다. 그리고 공원 남문 밖 중국인의 사진관에서 의식을 치르듯 함께 기념사진을 찍었다.

재　블라디보스토크를 출발하기 전에 신문을 통해 이토 공이 언제쯤 하얼빈에 온다는 것을 알고 있었는가?

안　신문에 자세히 나와 있지 않았다.

재　대개 언제쯤이라는 것도 없었는가?

안　신문에는 이토가 출발한다는 말만 적혀 있었다. 그러나 러시아 대장대신이 하얼빈에 온다기에 이토도 그때 올 것이라 생각하였다.

재　우덕순과 함께 가기로 결정한 것은 언제인가?

안　그날 밤이었다.

재　그래서 차 탈 준비를 했는가?

안　준비하고 정거장에 나갔는데 기차가 없어서 이튿날 아침에 떠났다.

재　여비 등은 그 전에 준비해 두었는가?

안　그렇다.

재　여비는 어떻게 구했는가?

안　여비를 어떻게 마련할지 걱정이 컸는데 '이석산'이라는 자가 블라디보스토크에 와 있다고 해 그를 찾아가 빌렸다.

재　그 사실을 우덕순에게 말해 주었는가?

안　여비가 있다고만 말하였다.

재　그렇다면 블라디보스토크부터 차비 등 소요비용은 그대가 우덕순 몫까지 냈는가?

안　그렇다.

재　이런 일을 하려면 총기를 각자 휴대할 필요가 있는데 그런 것은 우덕순과 어떻게 상의했나?

안　우덕순에게 물어보았더니 권총을 가지고 있다고 했다.

재　우덕순이 가진 권총을 보았는가?

안　보지는 못했다.

재　그대는 자신이 가진 권총을 우덕순에게 보여 주었는가?

안　보여 주지 않았다.

재　그대가 총을 가지고 있다는 사실을 우덕순에게 말하였는가?

안　기억이 잘 나지는 않지만 내가 늘 권총을 가지고 다닌다는 사실은 우덕순도 잘 알고 있었다.

재　지금까지 하얼빈에 와 본 적이 있는가?

안　이번이 처음이다.

재　10월 22일이 지나서 더 남쪽으로 이동해야겠다는 생각은 왜 하게 되었는가?

안　하얼빈에서 결행하는 것이 좋을지 다른 곳이 좋을지 살펴보기 위해서였다.

재　하얼빈을 출발해 남쪽으로 향하는 기차를 탄 것은 언제인가?

안　하얼빈에 도착한 지 이틀이 지난 10월 24일이다.

재　그 기차를 타고 어디에 내렸는가?

안　채가구라는 곳이었다.

재　차표는 채가구까지만 가는 게 아닌데 왜 굳이 채가구에서 내렸는가?

안　채가구역에서, 이곳이 기차가 교차하는 곳이냐고 물었더니 그렇다며 이곳에서 기차가 30분 정도 정차한다고 했다. 그 다음에도 이런 곳이 있느냐고 물었더니 없다고 했다. 그래서 채가구역에서 내린 것이다.

재　그곳에서 내려 무얼 했는가?

안　역 구내에 다방이 있어서 그곳에 머물렀다.

재　채가구에 도착한 후 이토 공작이 언제쯤 도착하는지 알아보지는 않았는가?

안　그런 것은 알아보지 않았다. 다만 하루에 기차가 몇 대나 왕복하는지, 또 어디로 몇 대나 출발하는지 따위를 물어보았다.

재　그랬더니 무어라 하던가?

안　객차가 하루에 두 번 정도 오가고, 화물을 실은 화차는 한두 번 오간다는 대답을 들었다. 그리고 특별열차가 그날 밤이나 이튿날 아침 무렵 하얼빈 쪽에서 장춘 쪽으로 갈 것이라는 이야기도 들었는데, 그 기차는 일본 대신을 영접하기 위한 기차라고 했다.

1900년대 초반 하얼빈역의 모습.

재　다시 하얼빈에 되돌아간 것은 언제였는가?

안　이튿날인 10월 25일 오전 10시경이었다.

재　채가구까지 가는 기차 안에서 총알을 우덕순에게 건네주었다는 것은 사실인가?

안　사실이다.

재　몇 개나 주었는가?

안　생각이 잘 나지 않지만 대여섯 개쯤이었던 것 같다.

재　총알 머리에 십자형 홈을 낸 것은 사실인가?

안　사실이다.

재　그런 총알은 어디서 구했는가?

안　노령에서 '윤치종'이라는 사람의 총알과 교환했는데, 그때 총알에 홈이 나 있었다.

재　그대의 권총은 어디서 구했는가?

안　작년 봄인지 여름인지 기억이 가물가물하다.

재　총을 구한 후 쏘아 본 적이 있는가?

안　한 번 쏘아 보았다.

재　언제 쏘아 보았는가?

안　총알을 교환한 연추라는 곳의 촌에서 쏘아 보았다.

재　총알은 총에 따라 다른 총알을 사용하는데, 우덕순에게 총알을 나눠 준 까닭이 무엇인가?

이토 저격 시 안중근 의사가 사용한 권총과 같은 모델인 벨기에제 브라우닝 FN M1900 권총.

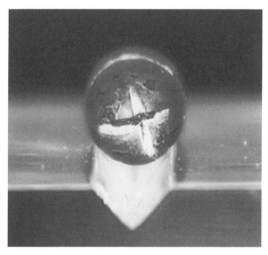

일본헌정기념관에 소장된 안중근 의사가 이토 저격 시 사용한 총알. 총알 머리에 십자형 홈이 나 있다.

안 기차 안에서 우덕순과 이야기를 나누는 도중에 그가 총알이 부족하다고 해서 서로 총을 꺼내어 확인해 보았다. 그때 그의 총과 내 총이 같은 것이라는 사실을 알게 되었다.

재 그때 우덕순은 총알을 얼마나 가지고 있다고 했는가?

안 몇 개 안 된다고 했다.

재 사람을 쏘는 데 몇 십 발의 총알이 필요한 것도 아니고 대여섯 발로 충분할 텐데, 왜 더 주었는가?

안 나는 그때 30발쯤 가지고 있었다. 그래서 여분으로 준 것이다.

재 총알 머리에 십자형 홈을 내면 사람이 맞았을 때 더 충격이 크다는 사실을 알고 있는가?

안 그런 사실은 모른다.

재 채가구에 도착했을 때 그대들의 거동을 역무원이나 헌병, 순사들이 주목하고 있다는 느낌을 받지 못했는가?

안 그런 건 느끼지 못했다. 그저 일본인으로 여기는 듯했다.

재 그대는 채가구에 와서 주위 상황을 보고 거사를 하기에는 상황이 좋지 않다고 여겨 하얼빈으로 돌아간 것은 아닌가?

안 그런 생각은 하지 않았다.

재 검찰관의 취조에서는 채가구 같은 장소에서는 일을 벌이기 불편해 나머지 사람들은 채가구에 남고 그대는 하얼빈으로 되돌아갔다고 하지 않았는가?

안 그런 말을 했는지 안 했는지 기억이 나지 않는다.

재 10월 25일 채가구를 떠나 하얼빈에는 언제 도착했는가?

안 12시에서 오후 한 시 사이였다.

재 이토 공이 온다는 이야기는 듣지 못했는가?

안 듣지 못했고 신문을 통해 보았다.

재 신문에는 뭐라고 나와 있던가?

안 신문에는 26일에 도착한다고만 적혀 있었다.

재 그대는 마음이 약해서 혼자서는 결행하기 힘들 듯해 블라디보스토크에서부터 우덕순을 동행시키지 않았는가? 우덕순을 부르고자 한 것도 그런 성격 때문이 아닌가?

안 전보를 칠 겨를도 없었지만 혼자서도 능히 할 수 있다고 판단했다.

재 언제 결행할 작정이었는가?

안 군대가 아무리 물샐틈없이 호위를 하고 또 경호원이 항시 붙어 있다 해도 지난 3년 동안 마음에 품은 뜻이기 때문에 반드시 실행할 생각이었다.

재 구체적으로 정거장 도착 순간을 노렸는가, 아니면 하루쯤은 이곳에 머무를 예정이었으니 적절한 기회를 엿볼 생각이었는가?

안 정거장에 도착한 후에는 언제라도 기회를 보아서 결행할 작정이었다.

안중근, 우덕순, 유
동하 세 사람은 하얼빈
에 도착해 '김성백'이
라는 사람의 집에 머물
렀다. 1909년 당시 서
른두 살이었던 김성백
은 러시아에 귀화해 건
축청부업에 종사하며

김성백의 옛 집터. 지금은 옛 건물이 사라지고 흔적
만 남아 있다.

일찍이 동청철도 건설에 참여한 사람이다. 따라서 하얼빈의 러시아
당국과 긴밀한 관계를 갖고 있었다. 안중근 의사와 일행은 이 자의 집
에 머물면서 신문을 통해 이토가 언제 하얼빈에 도착하는지 계속 탐
색했다. 그리고 신문 기사 속에서 "전 한국통감 이토 히로부미가 동청
철도총국의 특별열차 편으로 25일 관성자(장춘)역을 출발하여 하얼빈
으로 향한다."는 소식을 듣게 됐다.

안중근 의사와 일행은 24일 아침 하얼빈역으로 나가 안중근, 우덕
순, 조도선 3인의 삼협하(三峽河)행 차표 3장을 구입했다. 당시 유동
하는 하얼빈에 남아 연락을 담당했다. 안중근, 우덕순, 조도선 세 사

람은 삼협하에서 한 정거장 못 미치는 채가구역에서 내렸는데, 이곳은 하얼빈에서 가장 가까운 남청열차가 교차하는 정거장이었다. 이곳에서 거사할 것을 결심한 일행은 이곳저곳을 답사하며 이토에게 총을 겨누기 가장 적합한 장소를 점검했다.

그리고 그날 밤, 안중근 의사 일행은 러시아 철도총국의 특별열차가 채가구역을 지나 관성자로 가는 것을 확인하였다. 조도선은 역사무원으로부터 26일 아침 6시에 채가구역을 지났던 그 열차가 관성자에서 다시 출발하여 채가구에 도착한다는 사실까지 확인하였다. 하지만 신문마다 보도가 조금씩 달라 좀 더 명확한 정보가 필요했다. 정보가 불확실한 상태에서 모두 채가구에서 이토를 기다리는 것은 적절치 않았다. 거사가 실패로 돌아갈지도 모르는 일이었다.

안중근 의사는 열차가 아침 6시에 채가구역에 도착한다면 너무 이른 시간이라 이토가 열차에서 내리지 않을지도 모른다고 생각했다. 만일을 대비하여 안 의사는 채가구역 구내 다방에서 우덕순에게 총알 몇 개를 건네주고 우덕순은 채가구에, 안 의사 자신은 하얼빈으로 이동해 대기하였다.

재 그런 결심은 언제 하였는가?

안 지난 3년 내내 그 생각밖에는 하지 않았다.

재 정거장 부근의 경계 상태를 사람들에게 물어보거나 스스로 정탐한 적은 없는가?

안 그런 일은 하지 않았다.

재 그 전에 이토 공을 보거나 만난 적이 있는가?

안 없다.

재 사진으로도 본 적이 없는가?

안 신문에 나온 사진은 본 적이 있다.

재 신문에 나온 사진만 보고도 겨누어 저격할 수 있다고 여겼는가?

안 분명히 알 수는 없겠지만 복장이나 모습 등을 통해 구별할 수 있다고 판단했다.

재 신문을 보고 이토 일행이 언제쯤 정거장에 도착한다고 여겼는가?

안 신문에 시간이 나와 있었는지는 잘 모르겠다.

재 그렇다면 시간을 알아보기 위해 사람을 보내 조사해 보려고는 생각하지 않았는가?

안 그런 것을 묻다 보면 일이 누설될 우려가 있기 때문에 정거장에 일찌감치 나갔다.

거사 직전의 하얼빈역. 러시아 병사들이 이토를 맞을 준비를 하고 있다.

재 몇 시쯤 집을 나왔는가?

안 기억이 분명하지는 않지만 대략 7시경이었던 것 같다.

재 복장은 어땠는가?

안 지금 이 복장에 외투만 걸친 상태였다.

재 외투는 어떤 것이었나?

안 지금 가지고 있는 것이다.

재 모자는 썼는가?

안 운동모자를 썼다.

재 집을 나오면서 권총은 재차 확인했는가?

안 특별히 확인하지 않고 다른 옷에 보관하고 있던 것을 꺼내 넣어 가지고 나왔다.

재 어디에 넣었는가?

안 옷 호주머니에 넣었다.

재 옮겨 넣을 때 한 번이라도 확인해 보았는가?

안 사람들 눈에 띨까 봐 확인하지 않았다.

재 장전은 되어 있었는가?

안 늘 장전을 한 상태였다.

재 총알은 몇 개나 넣었는가?

안 7개인지 8개인지 잘 모르겠다.

재 그대의 권총은 한 번 방아쇠를 당기면 연속해서 발사된다고 하던데, 맞는가?

안　맞다.

재　그날 아침, 집을 떠나면서 하느님께 기도를 드렸다는 말은 사실인가?

안　매일 아침 기도를 드린다.

재　특히 그날은 이토 공을 죽이는 일이 성공하도록 기도를 드린 것 아닌가?

안　늘 생각하던 바인데 새삼스럽게 기도를 드릴 필요는 없다.

재　오전 7시 무렵 정거장 상황은 어떠했는가?

안　러시아 군인들이 정렬해 있고 마중 나온 사람들로 혼잡했다.

재　그대가 역 구내로 들어갈 때 의심받은 일은 없었는가?

안　그런 일은 없었다.

재　열차는 몇 시에 도착했는가?

안　9시쯤으로 기억한다.

재　그렇다면 7시부터 9시까지는 뭘 하고 있었나?

안　다방에서 차를 마시고 있었다.

재　그때 일본인 여러 명을 보지 않았는가?

안　일본인들이 계속 들락날락하고 있었다.

재　그러는 동안 정말 누구로부터도 의심받거나 하지 않았는가?

안　그런 일은 없었다. 아마 나를 일본인으로 여겼던 것 같다.

재　그날은 이토 공이 온다고 해 일본인들도 옷차림에 신경을 썼을 텐데, 그대와 같이 허름한 옷을 입고 있었는데 아무도 의심하지 않았단 말인가?

안　나도 그 이유를 모르겠다. 하지만 누가 날 의심하는 것 같지는 않았다.

재　그동안 사람들 눈을 피해 숨어 다니거나 하지는 않았는가?

안　그런 짓은 하지 않았다.

재　이토 공이 탄 열차가 도착했을 때 어떻게 접근했는지 자세히 설명해 보라.

안　다방에서 차를 마시고 있었는데 기차가 도착했다. 기차가 도착하는 동시에 음악대 연주가 시작되었고 병사들이 일제히 경례를 하는 모습도 보였다. 나는 차를 마시면서 이토가 기차에서 내려 마차에 타는 순간이 저격하기 좋을지, 기차에서 내리는 순간이 좋을지 생각하고 있었다. 고민을 하다가 일단 나가 보기로 하고 다방을 빠져나왔다.

　　이토는 기차에서 내리자마자 수많은 사람들에게 둘러싸여 각국 영사단이 대기하는 쪽으로 가고 있었다. 하도 많은 사람이 무리지어 가고 있었기 때문에 누가 이토인지 도무지 알 수가 없었다. 유심히 살펴보니 군복을 입은 사람들은 러시아인들이고, 사복을 입은 사람이 이토라는 생각이 들었다. 그래서 병사들이 앞

"수상한 사람들이 도착했습니다."
안중근 일행을 주목한 채가구역장의 보고서

의거 발생 이틀 전인 10월 24일, 러시아 채가구역에 도착한 세 사람을 유심히 지켜본 러시아 채가구역장. 하필 이 세 사람의 목적지는 이틀 뒤 이토 히로부미가 도착하는 하얼빈역이었다. 채가구역장은 하얼빈 의거가 발생한 10월 26일 상부에 보고서를 올려 이들의 움직임을 예의 주시했다. 다음이 채가구역장이 올린 보고 내용이다.

영업부장 각하
채가구역장 중위 오그네프
1909년 10월 26일 제805호 채가구

보고

금년 10월 24일 제3호 열차로 하얼빈으로부터 일본인 또는 조선인 세 사람의 승객이 도착하였다. 이때 이들이 제시한 승차표는 하얼빈에서 삼협하에 이르는 2등표뿐이었다. 3호 열차가 떠난 후 위 세 사람은 본인에게 자신들은 가족을 마중 나왔는데 제4호 열차에는 모습이 보이지 않으므로 내일까지 이곳에서 기다릴 생각이니, 오늘 밤 이 정거장 내에서 밤을 보내는 것을 허락해 달라고 부탁하였다.

　본인이 그들에게 직업이 무엇이냐, 누구에게 전보를 치느냐 하고 묻자 자신은 약국을 하는데 동업자에게 전보를 친다고 말하였다. 이들은 10월 25일 제4호 열차로 출발할 예정이었다. 본인은 이 조선인들의 도착에 의심을 품고 정거장 헌병 및 제4기병 중대장 1등대위 라르코다프에게 이를 전하였다. 또한 25일부터 26일에 이르는 동안 제8호 열차 통과 시간인 오전 6시 10분까지 조선인들이 머물던 정거장 음식점 주인의 집에 보초를 세울 것을 요구하는 동시에 중대장에게 10월 25일, 이들 가운데 한 사람은 제4호 열차로 하얼빈에 도착했다고 알렸다.

10월 25일부터 26일에 이르는 밤 사이 열차의 무사통과를 위해 전력을 다해 경계했다. 즉, 열차는 위병에게 둘러싸게 하고 선로 양쪽에 척후병을 두었으며, 조선인이 머물던 집에는 보초를 배치하였다.

본인은 10월 25일 오후 헌병에게 이들의 구류를 청구하였는데, 헌병 및 기병 중대장은 구류해야 할 충분한 증거를 인정하지 않았다.

제8호 열차 통과 후 정거장 헌병은 이들에 대해 취조를 하였으나 전혀 혐의가 없음을 본인에게 보고하였다. 조선인들에 대해 엄중한 감시를 하고 하얼빈에서 추적하기로 하였다. 10월 26일 오전 9시, 하얼빈 경찰서장이 이들의 구인 통지를 보내어 이때부터 공식적으로 그들을 구인하였다.

이상의 사실을 보고한다.

채가구역장 중위 오그네프

을 통과할 때 나도 병사들 뒤에 따라 붙었다. 외국 영사단은 러시아 병사들 다음에 줄지어 있었는데, 이토가 군대 전면을 통과한 후 외국 영사단 앞에 이르러서는 두세 사람과 악수를 나누고 다시 돌아가는 것을 보고 병사들 틈에서 쏘았다. 그렇지만 그 순간에도 누가 이토인지 분명히 알 수는 없었다. 그래서 맨 앞에 가는 사람을 향해 병사들 사이에서 쏘았다. 하지만 혹시라도 그자가 이토가 아닐 수도 있다는 생각에 그 뒤에 따라오는 두세 사람을 겨누어 두세 발 정도 더 쏘았다. 그 후 즉시 러시아 헌병에게 붙잡혔다.

재　처음에 이토 공이라고 생각하고 총을 겨누었을 때 몇 발을 쏘았는가?

안　세 발을 쏘았다고 생각한다.

재　몸의 어디를 겨누었는가?

안　우측 가슴을 향해 겨누었다.

재　쏘았을 때 이토 공과의 거리는 얼마나 떨어져 있었는가?

안　열 걸음 남짓이었다.

재　그대가 군대 뒤에 있었다면 그 앞을 통과할 때 쏘았는가?

안　내 앞을 조금 지나갔을 때였다.

재　어느 정도 지나갔을 때였나?

안　두세 걸음 지났을 때였다.

재　병사와 병사 사이에서 쏘았나, 아니면 병사들 뒤에서 쏘았나?

안　병사들 뒤에서 쏘았다.

재　그렇다면 총구는 병사와 병사 사이에 있었는가, 아니면 열 바깥에서 쏘았나?

안　병사와 병사 사이에 총구가 있었다.

재　병사와 병사 사이 간격은 얼마나 되었나?

안　두세 걸음 떨어져 있었다.

재　걸어가면서 쏘았나, 아니면 서서 쏘았나?

안　서서 쏘았다.

재　허리를 구부려 쏘지는 않았나? 혹시 왼손으로 총을 받치고 쏘지는 않았는가?

안　그렇게 쏘지 않았다.

재　이토 공의 풍채를 보고서 '아! 이 사람이 이토 공이구나.' 하고 느낀 점이 있었는가?

안　얼굴은 모르겠으나 선두에 서 있었고 복장이 특이했으며 노인이었으므로 이 자가 이토가 아닐까 여겼다.

재　그대는 검찰관에게 취조를 받을 때 앞으로 나아가면서 쏘았기 때문에 다 쏘았을 때는 병사들의 맨 앞줄에 있었다고 진술하지 않았는가?

안　그게 아니다. 내가 나아간 것이 아니라 총을 쏘았더니 러시아 병사들이 깜짝 놀라 좌우로 물러났기 때문에, 내가 앞으로 나

안중근 의사가 이토 히로부미를 저격한 지점인 하얼빈역 1번 플랫폼.

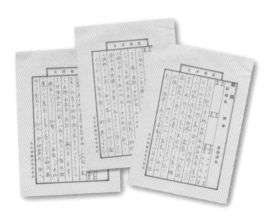

하얼빈 의거를 알린 일본의 긴급 전보.

체포 직후의 안중근 의사. 러시아 경찰이 찍은 이 사진에서 안중근 의사의 손은
뒤로 포박돼 있고 외투의 셋째 단추는 체포 당시의 몸싸움으로 떨어져 있다.

온 것처럼 보였을 뿐이다.

재 그대는 혹시라도 실수하면 안 된다는 생각에 다른 일본인을 향해서도 총을 쏘았다고 하였는데, 몇 발이나 쏘았는가?

안 확실히 기억나지 않지만 대여섯 발 정도 쏜 것 같다.

재 만일 체포되지 않았다면 계속 쏠 생각이었는가?

안 제대로 맞았나 하는 생각을 할 겨를도 없이 붙잡혔다.

재 발사하고 나서부터 포박될 때까지의 상황을 말해 보라.

안 러시아 헌병에게 붙잡혔을 때는 힘에 밀려 넘어졌다. 그러면서 갖고 있던 권총도 내던져졌는데, 그 권총을 헌병이 빼앗았다. 그런 후 포박됐고, 나는 "대한국 만세!"를 세 번 외쳤다. 그 후 정거장으로 끌려 들어가 신체검사를 받았다.

재 "대한국 만세"라는 말은 어느 나라 말로 했나?

안 세계인들이 두루 사용하는 "코레아 우라"라고 세 번 외쳤다.

재 그때 또 다른 흉기를 지니고 있지는 않았나?

안 작은 서양식 칼을 가지고 있었다.

재 포박될 때 그 칼로 저항할 생각이 아니었는가?

안 그렇게 작은 칼로 저항할 수는 없다.

재 만약 거사가 성공하면 그 자리에서 자결할 결심을 하지는 않았는가?

안 죽을 생각은 추호도 없었다. 한국의 독립과 동양 평화를 이루기 위해서는 단지 이토를 죽이는 것만으로는 만족할 수 없었기 때문이다.

재 그대는 권총을 쏜 후 이토가 총에 맞았는지 결과를 확인해 보았는가?

안 아무 것도 보지 못했다. 이토가 죽었는지도 전혀 몰랐다.

재 러시아 관헌의 취조를 받을 때 통역사에게 이토 공이 죽었다는 사실을 듣고 성상에 절하며 신에게 감사했다고 하는데, 사실인가?

안 그런 말을 듣지도 못했는데 어떻게 성상에 절을 하겠는가?

재 그대는 원대한 꿈을 품고 있었으니 그 자리에서 잡히지 않고 도망칠 계책을 세웠겠지?

안 도망칠 까닭이 없다. 이토를 죽이는 것은 오로지 한국의 독립과 동양 평화를 위한 기회를 얻기 위함인데, 뭐가 그릇된 일인가? 그러니 도주할 필요도 없다.

재 권총은 뭔가로 싸지 않고 다만 주머니에 넣어 두었는가?

안 싸지 않고 그대로 가지고 있었다.

재 이토 공작은 총에 맞고 30분 후에 사망하였고, 수행원 가와카미 총영사와 모리 비서관은 폐에 관통상을 입었다. 또 다나카 이사는 발에 부상을 입었다. 그대는 처음에는 공작 한 사람만을 겨누었다고 하는데, 이처럼 많은 사람이 부상을 입었다는 사실을

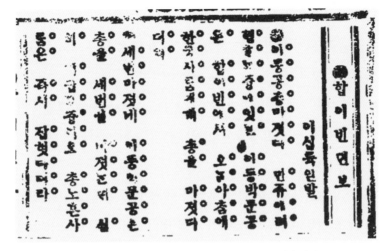

안중근 의사의 거사를 보도한 《대한매일신보》 1909년 10월 27일자 기사.

1910년 8월 14일자 《뉴욕타임스》 기사. '스릴 넘치는 순간을 포착한 희귀한 사진들'이라는 제목으로 안중근 의사가 이토 히로부미를 처단하는 순간을 삽화로 실어 자세히 소개했다.

알고 나서 어떤 느낌이 들었는가?

안 공작 외에 죄가 없는 사람을 다치게 한 것은 참으로 유감스럽게 생각한다.

재 그대는 자칭 공명정대한 일을 한다고 하면서 무엇 때문에 검찰관의 취조 때는 함께 모의한 우덕순과 그 외 사람들에 대한 내용을 숨겼는가?

안 그것은 각자 생각할 문제였기 때문이다. 내가 그 일을 말하지 않은 것은 우덕순이 말하기 전에 내가 먼저 말할 필요가 없다고 여겼기 때문이다. 나는 내가 한 일만 말하면 그만이라고 생각한다.

재 그대 왼손 네 번째 손가락인 약지*의 절반이 없는 까닭이 무엇인가?

안 올봄에 여러 동지들과 모여 동양 평화를 이룰 때까지는 어떤 어려움이 있더라도 나라를 위해 힘을 다할 것을 다짐하고 손가락을 잘라 서약했기 때문이다.

재 서약한 자들은 모두 손가락을 잘랐는가?

안 그렇다.

재 그 가운데 우덕순도 있었는가?

안 없었다.

재 우덕순과 그때까지는 서로 잘 몰

약지
다섯 손가락 가운데 넷째 손가락. 쉽게 약손가락이라고 한다.

랐는가?

안　한 번 만난 적은 있으나 그 무렵 친하지는 않았다.

재　그렇다면 동지는 몇 명이고 그들 이름은 무엇인가?

안　김기룡, 유치자, 박봉석, 백낙금, 강기순, 강두찬, 황길병, 김백춘, 김춘화 등 12명이다.

재　서약을 맺은 곳은 연추 부근의 하리*라는 곳이었나?

안　그렇다.

재　그때 작성한 취지서가 있다고 하던데, 맞는가?

안　내가 만든 것이 있다.

재　한국 국기에 손가락을 자른 직후 흐르는 피로 '독립'이라는 글자를 썼다고 하던데, 그런 적이 있는가?

안　'대한독립'이라고 썼다.

재　그때 작성한 취지서와 국기는 지금 어디 있는가?

안　그 후에 어떻게 되었는지 알지 못한다.

재　그렇게 서약을 할 정도였다면 이번 거사도 그들과 상의했거나 미리 알려 주었을 거라고 판단되는데, 어떤가?

안　서약을 한 후 사방으로 흩어졌기 때문에 알리고 싶어도 알릴 수 없었다. 또 나도 그럴 틈이 없어서 하지 못했다.

하리
러시아 연추에 위치한 마을로, 안중근 의사와 동지들이 이곳 작은 한인마을에서 손가락을 잘라 독립운동을 약속한 '단지동맹'을 맺었다.

재　그대는 블라디보스토크 주변에서 머물 때 3년 동안 나라를 위해 유세를 하고 다녔다고 했는데, 하얼빈에 와서도 동지들에게 유세를 하였는가?

안　하얼빈에 와서는 중대한 거사를 준비하고자 했기 때문에 많은 사람들을 만나지 않았다. 따라서 유세는 할 수 없었다.

재　하얼빈에 거주하는 한국인들의 집회가 있다는 사실을 몰랐는가?

안　묘지를 새로 조성한다는 이야기는 들었다.

재　그게 언제인가?

안　10월 23일이다.

재　그날 집회가 있었는가, 아니면 집회가 있다는 이야기를 듣기만 했는가?

안　이튿날 집회를 한다는 말을 들었다.

재　무슨 집회를 연다고 하던가?

안　하얼빈에 있는 한국인들의 무덤이 황폐해져 뼈들이 땅 위로 나올 지경이어서 러시아 관리들과 의논하여 토지 일부를 빌려 그곳에 새로이 묘지를 조성한다는 것이었다.

재　그대는 지금까지 한 조사에서 우덕순 외에는 상의한 사람이 없다고 말했다. 그런데 앞서 진술하기로는, 의병 참모중장으로서 결행했다고 하는데 그건 무슨 말인가?

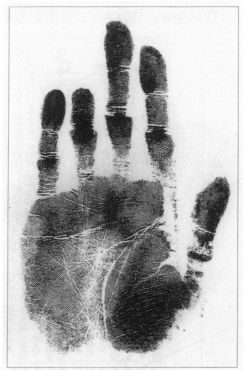

단지농맹 시 동지들괴 피료 쓴 태극기와 약지 한 마디가
잘린 안중근 의사의 지장.

안　나는 이전부터 독립군 의병의 참모중장으로서 동지들과 상의하였다. 그래서 동양 평화를 위해 각자 맡은 바 소임을 다하기로 서약하였으니, 농부는 농사를 짓고, 유세하는 자는 유세하기로 다짐한 것이다. 그런 까닭에 나는 특파독립군으로서 이토를 살해할 목적을 띠고 왔으며 그 목적을 이루기 위해 노력한 것이다. 만일 시간만 충분했다면 상당히 많은 병사를 모집할 수 있었을 것이고, 많은 병력을 모았다면 대마도해협을 건너가 이토가 타고 오는 배를 침몰시켰을지도 모른다.

재　의병의 총지휘관은 누구이며 어디에 있는가?

안　팔도의 총지휘관은 '김두성'*이라는 사람으로, 강원도에서 태어났지만 지금은 어디에 있는지 모른다.

재　그 휘하에는 어떤 자들이 있는지 알고 있는가?

안　사람이 많은데, 각도 지휘관으로 활동하는 간부는 허의, 이강영, 민지호, 홍범도, 이범윤, 이운찬, 신돌석 등이며 그 가운데는 체포된 이도 있고 죽은 이도 있다.

재　그대의 직속상관은 누구인가?

안　김두성이다.

김두성
일본은 안중근 의사가 자신의 상관이라고 말한 김두성을 찾기 위해 혈안이 됐으나 끝내 찾지 못했다. 안중근 의사가 재판정에서 말한 이 이름은 가명일 가능성이 크다는 설이 제기되었다.

재 그대는 특파된 자로서 하얼빈에 왔으니 김두성에게서 어떤 명령을 받았겠지?

안 새삼스럽게 명령을 받을 필요가 없다. 왜냐하면 지난해 연추 부근에서 러시아 영토 및 청나라 내에 있는 의병 사령관으로서 내 뜻에 따라 행동하도록 명령을 받았기 때문이다.

재 김두성에게서 그런 명령을 받은 이상 행동하기 위해 필요한 자금 등을 공급받지 않았는가?

안 직접 받은 적은 없다. 각 부락의 한국인들로부터 기부를 받았을 뿐이다.

재 그대는 앞서 블라디보스토크를 출발할 때 이석산이라는 자에게서 돈을 받았다고 했으나 조사 결과 블라디보스토크에는 그런 자가 없었다. 조금 더 분명하게 사실을 말하는 게 어떻겠나?

안 이석산은 전 황해도 의병 소장으로 그 무렵에는 잠시 블라디보스토크에 와 있었다.

재 같은 의병이라면 암살 계획에 대해 말하고 돈을 빌려도 될 것 같은데, 어떤가?

안 누구에게도 누설하지 않으려고 결심했기 때문에 말하지 않았다.

재 그럼 어떻게 돈을 빌렸는가?

안 급히 필요한 곳이 있다고 하여 빌렸다.

재 그게 사실인가? 검찰관에게는 이토 공 암살에 대해서는 말하지 않았지만, 꼭 필요한 곳이 있으니 100루블을 빌려 달라, 빌려주지 않으면 이 권총으로 쏘아 죽이고 나도 죽겠다며 협박하여 빌렸다고 말했는데, 도대체 무엇이 사실인가?

안 검찰관에게 말한 것이 사실이다.

재 다 같은 의병이라면 협박하지 않아도 돈을 빌릴 수 있었을 텐데. 그렇지 않은가?

안 꾸어 줄 것 같지도 않았고 내 사정을 누설할 수도 없었으며 시간도 급박해 그럴 수밖에 없었다.

(이때 재판장이 일어나 안중근 의사의 취조를 일단 끝낸다고 선언한다.)

오후 4시 20분 폐정

나 안중근,
이토를 쏘다!

두 번째 공판

1910년 2월 8일 개정

미나베 재판장이 전회 공판에 이어
취조를 이어 나간다.

재 이제부터 증거물을 보여 주겠다.
본건은 범죄가 일어난 곳이 러시아 영
토이고 러시아 관헌에게 체포되어 러시
아 측에서 조사에 착수하였지만, 피고

시심재판소
소송에서 제1차로 받는
심리인 시심을 다루는 곳.

의 국적이 조선이기 때문에 러시아 재판에 따를 수 없다 하여 서
류와 함께 이쪽으로 관할이 넘어왔다. 넘어온 서류 가운데는 본
사건과 관련된 중요한 증거들이 많다.

결정서

1909년 10월 26일 아래 국경지방재판소 제8구 시심재판소* 판
사 스트라조프는 본건을 심사하여 아래 사실을 발견하였다.

1) 증인으로 신문한 철도경무부 하사의 진술에 따르면 동청철
도 채가구역에서 체포된 한국 신민 조도선 및 우덕순은 신분을
증명한 비밀서류를 통해 한국에 국적을 가지고 있다는 사실을
진술하였다.

2) 또한 하사의 진술에 의하면 본관이 피고로 구인한 한국 신민
안중근이라고 자칭하는 자는 지난 10월 24일, 위의 한국인과 함

계 채가구역으로 와서 다음날인 10월 25일 다시 하얼빈으로 귀환하였다. 그는 채가구에 왔을 때 연해주지사가 발부한 한국신민신원증명서를 하사에게 제시하였다.

3) 또한 하사의 진술에 의하면 채가구에서 체포된 한국인 조도선과 우덕순은 이토 공작 살해에 대해 한국인 안중근과 공모하였음을 그에게 자백하였다.

4) 상기 여러 사실은 본관이 피고로 구인한 안중근이 한국 국적을 갖고 있음을 인정할 만한 증거로 충분하다. 따라서 본건은 러시아 재판에 회부할 성질의 것이 아니다.

결정사항은 아래와 같다.

형법 제175조 단서 제2에 의해 본건을 그 소속관헌에게 돌리기 위해 국경지방재판소 검사에게 인도함과 동시에 한국 신민 안중근을 검사의 보관 아래 옮기기로 결정하였다.

시심재판소 판사 엠 스트라조프
검사 밀레르

방금 본 결정서 말고도 러시아에서 보내온 서류 가운데 몇 가지를 알려 주겠다.

피고가 10월 26일 체포된 그날, 피고의 휴대품 및 현장을 조사한 러시아 국경지방재판소가 증서를 작성하였다. 그에 따르면 피고가 가지고 있던 권총에는 7개의 약협*이 있었다. 그리고

약협
총포 탄환의 화약을 넣은 놋쇠로 만든 작은 통. 안에 든 화약의 폭발로 탄알이 발사된다.

탄환집에는 약협이 하나도 없었다. 다만 총구 속에서 하나의 약협을 발견하였고, 총구 속은 화약 연기로 더럽혀져 있었다. 즉 총을 쏜 흔적이 충분하다는 내용이 기록되어 있다.

또 그날 같은 판사는 증인으로 러시아 대장대신의 관방장 예브게니 드미트리예비치 르보프라는 사람을 조사하였다. 그의 증언에 따르면, 그 또한 공작 및 러시아 대장대신의 뒤를 따라 하얼빈역 플랫폼에 내려 러시아 군대의 전면을 통과하여 외국인 영사단 앞으로 갔다가 되돌아올 때까지 계속 수행하고 있었다고 한다. 그때 뒤에서 발포하는 것과 같은 두 발의 작은 총성 소리를 들었다. 그래서 즉시 그쪽을 보았더니 일본인으로 보이는 양복을 입은 사람이 공작 및 대신을 겨누고 발포한 것을 보았다는 내용이 기록되어 있다.

또 안중근을 거사 장소에서 즉시 포박한 니키포로프라는 사람 역시 같은 날 증인으로 조사받았는데, 그의 진술에 의하면, 10월 26일 오전 9시 반경 이토 공은 수행원과 함께 러시아 병사 앞

을 통과하였다. 그때 안중근을 포박한 니키포로프 또한 러시아 병사들 뒤쪽에서 이토 공과 함께 걷고 있었는데, 갑자기 군중 속에서 어떤 자가 튀어

나와 발포하였다고 한다. 발포 전 총을 꺼내는 그 자를 보았기 때문에 제지하려 했으나 미처 접근하기도 전에 총을 쏘았다. 그래서 즉시 그 자에게 달려가 한 팔을 낚아채 그 자의 목을 누르고, 다른 손으로는 그 자의 오른손을 붙잡았다. 그런 후 여러 사람이 힘을 합쳐 그곳에 쓰러뜨려 그 자를 체포했다고 진술하고 있다.

이상은 러시아 관헌이 조사한 내용을 알려 준 것이다.

이제부터는 그 증거서류를 보여 주겠다.

우선 이토 공을 수행하던 후루야 히사즈나가 검찰관의 조사를 받은 내용이다.

이토 공을 따라 10월 26일 오전 9시경 하얼빈역에 도착하였는데, 이토 공은 러시아 대장대신과 군대를 사열*하기 위해 기차에서 내렸다. 이토 공이 각국 영사들이 기다리던 곳으로 가 악수를 나누고 다시 전에 있던 자리로 돌아와 몇 발짝 나아갔을 때였다. 러시아 병사들 속에서 양복을 입은 자가 갑자기 권총을 세 발 정도 쏘았다. 그리고 다시 수행원을 향해 세 발 정도를 더 쏘았다. 그때 괴

안중근 의사 체포 직후 러시아어로 작성된 조사 자료들.

한과 이토 공 사이의 거리는 고작 한 간[*] 정도였다. 그 순간 이토 공이 부상당한 것 같아 다른 수행원들과 함께 즉시 공을 열차 안으로 옮긴 후 고야마라는 의사에게 치료를 부탁했다. 의사는 즉시 치료에 착수했다. 그러나 30분 정도 지난 10시경, 공은 결국 사망하고 말았다.

간
길이의 단위로 한 간은 여섯 자, 즉 1.8미터에 해당한다.

방금 언급한 조서에 나와 있는 공작의 수행 의사가 검찰관 측 증인으로 진술한 바를 보면 다음과 같다.

공작이 하얼빈 정거장에서 군대의 전면을 통과할 무렵 마치 폭죽과도 같은 소리가 들려왔다. 그와 동시에 공작이 부상당한 듯해 즉시 달려가 열차 내로 옮긴 후 손을 썼으나 그날 10시경 사망했다.

고야마는 의사로서 이토 공의 부상에 대해 감정하였는데 그 내용은 다음과 같다.

이토 공의 부상은 세 곳인데 모두 총알에 의한 것이다. 첫 번째 총알은 오른팔을 지나 양쪽 폐를 관통하고 왼쪽 폐에 박혀 있다. 두 번째 총알 역시 오른쪽에서 들어간 상처로 오른쪽 옆구리로부터 들어와 왼쪽 옆구리에 총알이 박혀 있다. 세 번째는 오른팔을 스쳐 내려와 중앙부에서 체내에 들어가 복부 안에 박혀 있다. 치명적인 사망 원인은 내장 내 출혈이다.

고야마 의사는 이토 공과 함께 부상을 입은 모리 다이지로라는 사람에 대해서도 감정하였다.

모리는 왼쪽 팔에 총알 관통상을 입었다. 그 부상은 약 한 달 정도 치료하면 완치될 것이며, 심각한 후유증을 남기지는 않을 것이다.

또 부상당한 사람 가운데 하나인 하얼빈 총영사 가와카미가 병원에서 검찰관의 조사를 받을 때 진술한 내용은 다음과 같다.

10월 26일 오전 9시경 이토 공이 탄 특별열차가 하얼빈에 도착하였으므로 러시아 대장대신과 함께 정거장으로 나가 공을 영접하였다. 그때 공은 기차 안에서 대장대신과 약 25분에 걸쳐 인사를 나누었다. 그 후 공은 대신과 함께 기차에서 내려 군대를 사열하였다. 군대를 사열할 때는 수행원을 동반하고 군대 전면을 통과하여 외교단 앞으로 가서 대여섯 명과 악수를 교환하고 되돌아 두세 간 갔다고 생각했을 때 군대 뒤에서 총성이 들렸다. 그때 가와카미는 공작의 오른쪽에서 한두 걸음 정도 떨어져 걷고 있었다. 총소리를 들음과 동시에 자기 손이 저리는 듯한 고통을 느꼈는데, 그 순간 자신이 총에 맞았다는 사실을 깨달았다. 즉시 뒤돌아보니 군대 뒤에서 한 발 앞으로 나와 권총을 겨누고 있는 자가 눈에 들어왔다. 그때 자신의 위치는 공작과 괴한 사이였다. 가와카미는 즉시 사람들에 의해 병원으로 이송되었는데, 이송되기 전 이토 공이 부상당한 것을 보았다.

한편 가와카미 총영사의 부상을 치료한 도쿠오카 군의관이 감정서를 작성하였는데, 내용은 다음과 같다.

가와카미의 부상은 오른팔 뼈를 부수고 가슴까지 파고 들어간 총상이다. 약 3개월 정도 치료를 받으면 호전될 것이다. 그러나 상처가 낫는다 해도 다소간의 장애는 남을 것이다.

또 그 당시 공작을 수행하고 있던 남만주철도주식회사 이사 다나카 세이지로 역시 부상을 당했으며 증인으로 조사를 받았다. 그의 진술은 이렇다.

이토 공작은 러시아 군대 앞을 지나 영사단이 있는 곳으로 갔으며

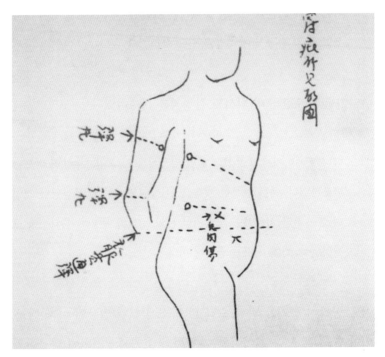

이토 히로부미의 사망 원인을 감정한 그림.

그곳에서 몇 사람과 악수를 교환하였다. 그 후 되돌아와서 다시 병사들 앞을 지나가는데 양복을 입은 한 사람이 권총을 발사하는 모습을 보았다. 증인은 공작 뒤편에서 수행하고 있었는데, 총을 쏜 자와는 네다섯 간의 간격이 있었지만 괴한이 다시 자신을 향해 총을 쏘았고, 그 순간 발에 부상을 입고 쓰러졌다.

다나카를 치료한 오마 박사도 감정서를 작성하였다.

다나카 세이지로의 부상은 왼발 뒤꿈치를 지나 안으로부터 밖으로 관통하였다. 뼈를 관통한 것을 보면 정밀한 총기로 부상당한 것인데, 2~3주간 치료하면 되겠지만 몸의 주요한 부분이기 때문에 보행하는 데 다소 지장을 받을 것이다.

이토 공작이 공격을 받던 순간 그 장소에 있던 일본인 아베 다카, 이마다 하루, 모리 레이이치, 후루자와 고키치, 그 외에 나쓰아키 가메이치, 남만주철도주식회사 총재 나카무라 젠코, 귀족의원 무로다 요시후미, 그 밖에 에자키 가쓰타로, 가와하라 군베이, 고토 세이지로 등이 검찰관 또는 본국의 검사에게 조사받을 때 진술한 내용이 후루야, 고야마 기타 증인들의 진술과 다른 게 거의 없기 때문에 이것만을 들려주는 것이다.

다음은 증거자료다. 안중근과 우덕순이 함께 쓴 편지, 그리고 안중근이 지은 시와 우덕순이 지은 글이다.

안중근과 우덕순의 연명* 편지

삼가 아룁니다.

이달 22일 오후 8시 이곳에 편안히 도착. 김성백 씨 집에 머물고 있습니다.《원동보》*에서 얼핏 보니 이토가 이달 25일 관성자를 출발, 러시아 철도총국이 보낸 특별열차에 탑승, 같은 날 오후 11시 하얼빈에 도착한다고 합니다. 동생들은 조도선 씨와 함께 가솔을 마중하기 위해 관성자로 간다고 꾸며 관성자에 닿기 몇 십 리 전인 모 정거장에서 이토를 기다려 큰일을 결행할 생각이니 양해해 주시기 바랍니다. 큰일의 성패는 하늘에 있고 다행히 동포들의 선한 기도로 도움을 받을 수 있기를 엎드려 바라나이다. 이곳 김성백 씨로부터 돈 50루블을 빌렸으니 곧 갚아 주시기를 천만 번 우러러 바랍니다.

대한독립만세
우덕순
10월 24일 오전 8시
안응칠

연명
두 사람 이상의 이름을 한 곳에 죽 잇따라 쓰는 것.

원동보
러시아 측에서 발간했던 한자신문.

블라디보스토크 대동공보사 이강* 앞.

오늘 아침 8시 출발 남쪽으로 감

추신 : 포그라니치누이*로부터 유동하
와 함께 이곳에 도착하였으니 향후의
일은 본사에 통지할 것입니다.

안중근의 자작시 〈장부가〉

장부가 세상에 처함이여

그 뜻이 크도다.

때가 영웅을 지으며 영웅이 때를 지으리로다.

천하를 웅시함이여 어느 날에 업적을 이룰까.

동풍이 점차 차지니 장사의 의기가 뜨겁도다.

분개해 한 번 가니 반드시 목적을 이루리로다.

쥐도적 이등*이여 어찌 즐겨 목숨을 비길고

어찌 이 지경에 이를 줄을 알았으리오 사세가 고연하도다.

동포 동포여 속히 대업을 이룰지어다.

만세 만세여, 대한독립이로다.

만세 만세여, 대한 동포로다.

이강
러시아 블라디보스토크
에서 발행된 신문《대동
공보》제작에 참여했던
인물이다.

포그라니치누이
러시아 극동부에 위치한
지방으로 연해주沿海州
라고도 부른다.

이등
이토 히로부미를 한자로
쓴 것을 우리 음대로 읽
은 것이다.

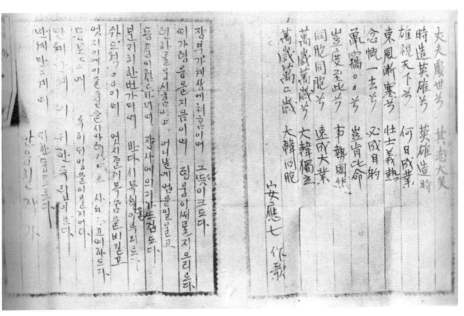

丈夫處世兮. 其志大矣
時造英雄兮. 英雄造時
雄視天下兮. 何日成業
東風漸寒兮. 壯士義熱
念慨一去兮. 必成目的
鼠竊○○兮. 豈肯比命
豈度至此兮. 事勢固然
同胞同胞兮. 速成大業
萬歲萬歲兮. 大韓獨立
萬歲萬萬歲. 大韓同胞

山安應七 作歌

장부가 세상에 처함이여 그뜻이 크도다
때가 영웅을 지음이여 영웅이 때를 지으리로다
천하를 웅시함이여 어느날에 업을 이룰고
동풍이 점점 차가워짐이여 장사에 의기가 뜨겁도다
분기히 한번가 이여 반다시 목적을 이루리로다
쥐도적 ○○이여 엇지 즐겨 목숨을 빌이요
엇지 이에 이를쥴을 시아려스라요 시셰가 고여하도다
동포 동포여 속히 대업을 이룰지어다
만세 만세여 대한독립이로다
만세 만만세 대한동포로다

우덕순의 자작시 〈거의가〉

만났구나 만났구나 원수 너를 만났구나.

평생 한 번 만나기가 왜 그렇게도 늦었던가.

너를 한 번 만나려고 물로 땅으로 몇 만 리에

천신만고를 다해 윤선 기차를 갈아타고

러시아 청나라 지날 때에

행장 검사할 때마다 하느님께 기도하고

예수님에게도 경배하며 보살피소서 도우소서.

동쪽 반도 대한제국을 보살피소서.

원컨대 내 뜻을 도와주소서.

그 간악한 늙은 도적놈이

우리와 우리 민족 이천만 멸종 후에

삼천리 금수강산을 소리 없이 빼앗으려고

흉계를 꾸미고 악을 꾸며 참담한 수단으로

열 개 강국을 속여 가며 내장을 다 뽑아먹고도

무엇이 부족하여 그 욕망을 채우려고

쥐새끼처럼 여기저기 뛰어다니며

누구를 또 속이고 누구의 땅을 또 빼앗으려고

그같이 뛰어다니는 교활한 늙은 도적을 만나고자

이와 같이 급히 가고 있으니

지공무사* 하옵시고

지인지애* 우리 상주님

대한민족 이천만민을

다 같이 불쌍히 여기시어

도적놈을 만나보게 하옵소서.

그렇게 정거장에 천만 번 기도 올리고

주야를 잊고 만나려던 이토를 마침내 만

났구나.

네 수단의 간교함은 세계에 유명하여

우리 동포 도륙 후에 우리 강산 빼앗기고

행락 함께 못한 것을

오늘에 이르러서야 네 목숨이 내 손에 끊긴다면

너 역시 생각이 없으리라.

갑오년 독립과 을사년 신조약 후

양양자득* 할 때에 오늘 일을 몰랐더냐.

범하는 자는 죄를 짓고 덕을 닦으면 덕이 온다.

너도 이리 될 줄 알았느냐.

너 같은 무리 사천만은 이제부터 한 사람이 두 사람씩

우리들 손으로 죽이리라.

오호, 우리 동포들아 일심단결로 왜구를 모두 멸하여

지공무사
공평하여 사사로움이
없는 것.

지인지애
어질고 자애로운 마음.

양양자득
뜻을 이루어 뽐내며 거
들먹거리는 것.

우리 국권 회복하고 부국강민을 도모하면

세계 안에 뉘 있어서 우리 자유 압박하고

하등으로 냉대할 수 있으랴.

자! 일어서라! 빨리 합심하여

그들 무리도 이토와 같이 자, 빨리 죽일 뿐

우리가 우리 일을 하지 않고

아무 일 하지 않고 평안히 앉아 있다면

국권회복은 스스로 될 수 없으리라.

자! 일어서자! 용감한 힘을 갖자!

국민된 의무를 다하여 보자!

재 안에게 묻겠다. 방금 언급한 자작시는 그대가 10월 23일 밤에 김성백의 집에서 쓴 것인가?

안 그렇다.

재 이것을 쓸 때의 느낌은 어떠했는가?

안 내가 이루고자 하는 목적을 쓴 것이다.

재 그대가 신문사 앞으로 편지를 썼다고 하는데, 그 편지가 이것인가?

안 그렇다.

재 이번에는 우덕순에게 묻겠다. 그대의 도장을 찍었다는 편지

우덕순의 사진.

국립현충원 애국지사묘역 내 우덕순 의사 묘역.

가 이것인가?

우 그것인지 정확히는 모르겠으나, 안중근이 편지를 보낼 테니 도장을 달라고 해서 도장을 건넸다. 도장을 찍은 것은 안이 한 일이다.

재 그대가 썼다는 언문 노래가 방금 보여 준 것인가?

우 그렇다.

재 이 노래를 안은 읽어 보았는가?

우 읽지 않았다.

재 이렇게 해서 중요한 증거물은 다 보여 준 셈이다. 이 증거물에 대해 변명할 것이 있다면 하라. 또 그대들에게 유리한 증거가 있으면 진술할 수 있다.

안 나는 증거물에 대해서는 전혀 의문이 없다. 하지만 나의 목적에 대해 하고 싶은 말이 많다.

재 거의 다 진술한 것 같은데 더 말하고 싶다고 하니…….

안 결코 그렇지 않다. 이제껏 내가 하고픈 말의 10분의 1도 나는 채 말하지 못했다.

재 의견을 말하고 싶다고 하는데, 이 자리는 의견을 재판하는 자리가 아니다. 그러나 사실 조사를 함에 있어 꼭 말할 필요가 있는 얘기라면 요점만 간추려서 진술하라. 만일 사실에 관한 것 이외의 말을 한다고 판단되면 바로 저지시키겠다. 따라서 사건과 밀접한 관계가 있는 말만을 하라. 시간도 많지 않으니 길게 끌지 않도록 하라. 특히 통역을 하지 않으면 안 되니 그런 점을 감안해 간단하게 진술하라.

그리고 본 사건에 대한 취조가 끝난 것도 아니다. 이제부터 검찰관의 논고와 변호사의 변호도 있기 때문에 최후진술*은 그 후에 하면 된다. 다만 지금 시간이 좀 있으니 듣겠다는 것이다. 그러니 그런 줄 알고 하라.

안　필요한 몇 가지만 말하겠다. 어제 목적의 큰 뜻만 말했는데, 내가 하얼빈 정거장에서 이토를 살해한 것은 결코 내가 사람 죽이는 것을 좋아해서 한 것이 아니라 큰 목적이 있어 그 목적을 달성하기 위한 하나의 수단으로 살해한 것에 지나지 않는다.

그래서 오늘 말할 기회를 얻은 이상 전 세계 사람들에게 오해받지 않는 범위 내에서 의견을 진술할 필요가 있다고 생각한다.

재　변호사, 어떻습니까? 이런 내용을 지금 여기서 말하도록 해도 괜찮겠습니까?

변　내일 진술시킬 것이라면 지금 시간이 있으니까……

안　내 목적에 대해서는 대강 말했지만 지금 말한 것처럼 이토를 죽인 것은

최후진술
공판 절차에서 증거조사가 끝나면 검사의 논고가 행해지는데, 재판장은 검사의 논고가 끝난 후에 피고인과 변호인에게 최종 의견을 진술할 기회를 준다. 이를 최후진술이라고 한다.

한 개인을 위한 것이 아니라 동양 평화를 위한 일이었다. 러일전쟁 개전 당시 일본 천황의 선전조칙*에 의하면 동양 평화를 유지하고 한국의 독립을 공고히 한다는 선언이 있었다.

그 후 러일전쟁이 발생하고 일본이 전쟁에 이기고 돌아왔을 때 조선 사람들은 마치 우리나라가 승리한 것처럼 감격하여 대단히 환영하였다. 그런데 이토가 통감이 되어 한국에 오면서 5개조 조약을 체결한 것은 한국 상하 인민을 속이고 일본 천황의 성스러운 배려를 거스른 짓이다. 그렇기 때문에 한국 상하 인민들은 이토를 죽도록 증오하게 되었고, 5개조 조약에 대해서도 반대를 주장한 것이다.

그 후 다시 7개조 조약을 체결시켰다. 이에 따라 이토 통감의 방약무인傍若無人*한 태도는 한국에 불이익한 것뿐이라는 사실을 갈수록 절감하였다. 이토 통감은 강제로 한국 황제를 폐위시키고 더욱 방약무인한 행위를 하였기에 한국 인민은 통감을 마치 원수처럼 생각하고 있었다. 그렇기 때문에 나 또한 이곳저곳에서 유세를 하였으며, 가는 곳마다 싸웠고, 의병 참모중장으로서 각지 전쟁에도 나갔다. 따라서 오늘 이토를 하얼빈에서 살해한 것은 한국 독립전쟁의 의병 참모중장의 자격으로 한 일이다. 그러므로 오

선전조칙
한 나라가 다른 나라에 대하여 전쟁을 시작한다는 것을 공식적으로 알리는 문서를 말한다.

방약무인
곁에 사람이 없는 것처럼 아무 거리낌 없이 함부로 말하고 행동하는 태도.

러일전쟁, 일본의 승리는 조선의 비극

청일전쟁에서 이긴 일본은 승리감에 젖어 엄청난 배상금과 영토를 청나라에 요구하였다. 이 모습을 지켜보던 러시아의 심기는 불편할 수밖에 없었고 독일·프랑스 등 서구열강을 끌어들여 함께 일본을 견제하고 나섰다. 다 된 밥이라고 생각했던 조선에까지 러시아의 입김이 세지고 있었다.

'동양의 맹주'를 꿈꾸던 일본은 러시아에 대한 응징을 다짐하면서 군비를 늘려갔다. 청일전쟁 후 청나라에게 받은 배상금이 그 종잣돈 역할을 하였다. 그리고 기회만 엿보던 일본에게 '그날'이 왔다. 1900년, 마침 중국에서 의화단의 반제국주의 투쟁이 일어난 것. 8개국 연합군이 의화단 진압을 위해 중국에 들어갔다. 일본도 곧바로 군대를 보냈다.

문제는 여기에서 불거졌다. 의화단이 진압되었지만 러시아는 만주에 군대를 남겨둔 것이다. 그러자 러시아에 불만을 품고 있던 일본이 러시아의 남하를 경계하던 영국과 동맹을 맺었다(1902년, 영일동맹). 일본과 러시아 사이에 팽팽한 긴장이 흘렀고, 두 나라 사이에 끼인 조선에는 전운이 감돌았다.

1904년, 마침내 일본의 선제 공격으로 러일전쟁이 시작되었다. 한반도는 10년 전처럼 또다시 주변 나라들 간의 전쟁터가 되었다. 조선은 중립을 선언하였으나, 일본은 이를 무시한 채 전쟁에 필요한 철도 시설 등을 장악하고 조선의 정치에 간섭하였다.

일본은 러시아의 세력 확장을 저지하려는 영국과 미국의 막대한 군비 지원에 힘입

러일전쟁 당시 서울을 강제 점령한 일본군의 모습.

어 결국 러시아에 승리하였다. 그러나 일본의 승리는 조선으로서는 비극의 서막을

알리는 신호탄이었다. 이제 조선은 마음 놓고 먹을 수 있는 먹잇감이었다.

늘 이 법정에 끌려나온 것은 전쟁에 나가 포로가 되었기 때문이라고 생각한다. 그러니 일개 자객으로서 신문을 받을 이유가 없다고 여기는 것이다.

내가 진술하고자 하는 의견은 다음 네 가지다.

첫째는 지금 말한 것이고 둘째는 오늘날 한일 양국 관계라는 것은 일본 신민이 한국에 와서 관리로 일하고 있으며, 조선 신민도 일본의 관리가 되어 행정에 종사하고 있기 때문에 두 나라는 한 나라 사람과 같이 되었다. 그러므로 조선 사람이 일본 천황을 위하여 충성을 다할 수 없다는 건 있을 수 없는 말이다. 일본 사람이 한국 황제를 위하여 충성을 다할 수 없다는 말 또한 있을 수 없다. 그런데도 이토가 한국 통감이 된 이래 5개조 조약, 7개조 조약을 체결할 때는 늘 무력을 앞세워 강제로 한국 황제를 협박하여 밀어붙였다.

이토가 한국에 와서 근무하는 이상 한국 황제폐하의 신하로서 처신해야 하는 것이 당연하다. 그러나 무엄하게도 황제폐하를 억류하고 강제로 황제 자리에서 물러나게 하였다.

무릇 세상에서 존귀한 이는 누구인가, 그건 인간 가운데는 황제다. 그런 분을 자기 멋대로 좌지우지한다는 것은 있을 수 없는 일이다. 따라서 이토의 소행은 신민으로서 할 수 있는 행동이 아니다. 그가 선량한 충신이 아니라는 사실을 알았기 때문에 한국에서 의병이 일어나 싸우고 있는 것이다.

　그런데 대의가 뚜렷한 한국 의병을 일본 군대가 진압하려 하고 있다. 이 야말로 일본과 한국의 전쟁이라고 하지 않을 수 없다. 이런 일은 동양 평화를 유지하고 한국의 독립을 공고히 한다는 일본 천황의 성스러운 뜻에 반하는 것이다. 그리고 이토가 일본 천황의 성스러운 뜻에 반하는 이유는 외부, 공부, 법부, 통신기관을 일본이 장악하고 있다는 사실만 봐도 알 수 있다. 이런 방식으로는 한국의 독립을 공고히 할 수 없다는 것이 명백하다. 또 이제까지 말한 바와 같이 이토는 일본에도, 한국에도 역적이라는 사실을 누구나 알 수 있다.

　그리고 갑오년*에 한국에서는 매우 불행한 사건이 있었다. 이토 통감, 그 자가 일본의 많은 병력을 동원해 저지른 명성황후 시해사건*이다.

✖
명성황후가 일본 낭인들에 의해 시해된 것은 을미년(1895년 10월 8일)의 일이다. 따라서 갑오년(1894년)이라는 표현은 잘못된 것이다.

명성황후 시해사건
1895년 10월 8일 새벽 5시경 일본 자객들이 경복궁을 습격하여 왕비 침실인 건청궁 안의 옥호루에서 왕비를 찾아 살해하고, 그 시신에 석유를 뿌려 불사른 참변. 명성황후 시해사건에 분노한 양반 유생들은 고종황제에게 일본을 비판하는 상소문을 여러 차례 올렸고, 전국에서 근대 최초의 의병인 을미의병이 일어났다.

재 감히 그런 말을 한다면 재판의 공개를 금할 수밖에 없다.

안 그러나 이런 내용은 오늘날까지 신문 등 여러 방법으로 세상에 이미 발표된 것이다. 새삼스럽게 여기서 말한다고 해서 방청을 금지할 이유는 없다고 생각한다.

재 경우에 따라서는 그렇게 할 수도 있다.

안 조선 사람인 나는 전부터 이토가 일본에 대단히 공이 큰 사람이라고 익히 들어왔다. 그러나 다른 한편으로는 일본 천황에게 역적이라고도 들었다. 우리 황실에 대해 역적이라 하는 것은 현황제의 전 황제를……!

재 피고의 진술은 공공질서에 방해가 되는 것으로 인정되므로 재판의 공개를 정지한다! 방청인들은 모두 퇴장할 것을 명한다.

오후 4시 25분 폐정

주권 국가의 체면을 떨어뜨린 아관파천

고종황제의 모습.

일본이 명성황후를 시해하고 자신들에게 유리한 친일 내각을 구성하자, 신변의 위협을 느낀 고종황제는 이듬해인 1896년 아관(당시에는 러시아를 '아라사'라 불렀기 때문에 러시아공사관을 '아관'이라 했다.)으로 피신했다.

고종황제가 러시아공사관에 머문 약 1년 동안 친일 내각은 붕괴되었지만 반대로 러시아의 영향력은 더 막강해졌다. 그때부터 서구열강들은 '이때가 기회다!' 싶어 돈이 될 만한 사업을 찾아 경쟁적으로 뛰어들어 조선의 이권을 침탈했다. 광산 채굴, 철도 건설, 삼림 채벌 등 이권 사업이 모두 그들 손에 넘어갔다.

특히 일본은 청일전쟁 시기부터 철도부설권에 관심을 보여 경인선, 경부선의 매설권을 독점하였다. 일본이 독점한 철도 건설은 우리나라의 희생에 의해 세계에서 가장 헐값에 이뤄졌다. 금광의 채권 역시 독일, 영국, 미국에 줄줄이 넘어갔다. 국내에서는 이러한 현실을 규탄하며 반대 여론이 일었고, 결국 고종황제는 1년 만에 덕수궁으로 돌아왔다. 하지만 조선을 놓고 서로 곁눈질해 오던 러시아와 일본은 대립이 심해져, 약 10년 뒤 러일전쟁이 일어났다.

서구열강들이 파이를 나눠 먹듯 동아시아 이권 침탈에 열을 올리는 모습을 묘사한 풍자화.

누가
'진짜' 죄인인가!

네 번째 공판

1910년 2월 10일 개정

미나베 재판장이 계속해서 취조한다.

재   어제 폐정할 때 본건 신문은 이후로는 특별히 공개를 금할 이유가 없다 하였으니 오늘은 공개석상에서 취조한다. 지금부터 본건의 범죄 사실에 대해 검찰관이 의견을 진술할 터이니 피고들은 들거라.

검(미조부치)   조금 길어질지도 모르겠으나 본건 사실의 문제를 사실 측면과 법률적 측면 두 가지 면에서 논고하고자 합니다.

   첫째, 피고의 성격에 대해 말할 필요가 있겠습니다.

   피고 안중근은 피고 네 명 가운데 두목입니다. 할아버지는 안인수라고 하며 진해군수를 지낸 바 있고, 부친 안태훈은 진사입니다. 재산도 상당히 많아 자신의 말에 의하면 본래 천석꾼이나 지금은 수백 석의 토지가 있다고 합니다. 그의 둘째 동생에 의하면 지금도 풍년이 들면 백 석, 흉년이 들어도 4~50석이 된다고 합니다. 그런 면에서 그의 가문은 황해도의 유명 가문이며, 양반은 아니라고 해도 1894년 동학당* 당시 부친 안태훈이 관찰사의 명을 받아 이들을 토벌하여 그 명성이 자자하였습니다. 그의 일

동학당
1894년 동학 지도자들과 동학 교도 및 농민들에 의해 일어난 민중의 무장 봉기를 가리킨다.

가는 일찍부터 프랑스 천주교에 귀의하여 그 신앙이 매우 두텁고, 안은 17세 무렵 영세를 받았습니다. 이것은 피고와 둘째 동생이 진술한 내용입니다. 집안이 여유가 있어서 세 형제 모두 교육을 받았고 둘째는 중등교육을 받았습니다만 안은 정규교육을 그다지 좋아하지 않았던 것 같습니다.

서북학회
1908년 서북·관서·해서지방 출신자들이 서울에서 조직했던 애국계몽단체.

안창호
일제강점기 독립운동가로 호는 도산島山이다. 애국계몽운동에 많은 힘을 기울였다. 비밀단체인 신민회에 참가해 대성학교를 세웠으며, 일제의 탄압으로 신민회가 해체되자 흥사단을 만들었다. 3·1운동 이후에는 대한민국 임시정부에 참여해 독립운동을 하였다.

　이런 집에 태어나 《성경》과 《자치통감》을 9권까지 읽고 한문으로 된 《만국사》와 《조선사》를 읽었다고 합니다. 또한 한국에서 발행하는 신문인 《대한매일신보》와 《황성신문》, 《제국신보》, 그리고 미국 샌프란시스코에서 발행하는 《공립신문》, 블라디보스토크에서 발행하는 《대동공보》 등을 읽고서 정치사상을 함양하였으며, 진남포로 이사한 후에는 일본을 배척하는 연설을 행하던 서북학회* 소속 안창호*의 연설을 듣고 대단히 감격했다는 것은 둘째 동생이 진술한 내용입니다.

　그는 진남포에서 다른 사람과 석탄사업을 경영했으나 실패하여 큰 빚을 지게 되었습니다.

　기질은 강직하고 매사에 부모형제와 의견이 맞지 않았다고

그 자신과 형제들이 진술했으며, 처자
에게도 대단히 냉정하고 자기를 믿는
힘과 선입견이 강해 다른 사람의 의견
을 쉽게 받아들이지 않으며 앞서 말한
신문 및 안창호, 기타 논설을 통해 한
번 정치사상을 받아들이자 형제와 처자

북한
한국의 북쪽 지역이라는
뜻으로 쓰인 말.

우국지사
나랏일을 근심하고 염려
하는 사람.

마저 버리고 고향을 나와 일본에 저항하는 자들의 집합지인 북한
北韓* 러시아 땅으로 가 점진파 또는 급진파와 사귀었습니다. 처음
에는 그곳에서 교육사업을 일으키려고 했으나 뜻을 이루지 못하
고 의병에 투신하여 방종한 무뢰배들과 어울렸습니다.

피고 안중근, 우덕순의 이번 범죄는 자기 분수와 나라의 영
고성쇠榮枯盛衰, 그리고 나라의 역사에 대한 정확한 지식이 부족해
서 생긴 오해와 다른 사람, 특히 이토 공의 인격과 일본의 국가적
정책 및 여러 나라와의 외교 및 국제법규 등에 관한 지식 부족에
서 비롯되었습니다. 더욱이 완고하고 미혹한 상태에서 반일 신문
과 논객論客들의 주장에 맹목적으로 따른 결과, 한국의 은인인 이
토 공을 원수로 여겨 그가 과거에 베푼 은혜에 대한 복수를 하고
자 한 것이 범행 동기입니다.

안중근과 우덕순은 자신들을 우국지사憂國之士*로 여기고 있
습니다. 영웅이라고 생각하여 자신들을 나폴레옹에 비유하고 자

신들을 이토 공과 동등하다고 주장하는가 하면 사람들에게서 돈을 강탈하고 무전취식을 다반사로 하면서도 한국의 이천만 민족을 대표한다고 큰소리치고 있습니다. 참으로 제 분수를 모르는 자가 분명합니다.

한국에 대한 일본의 기본 방침은 한국 독립의 공인 및 그 옹호에 있습니다. 1873년 12월 27일에 맺은 일한수교조약*에서 이러한 내용을 처음으로 선언하였습니다. 또한 1894년 8월에는 두 차례의 조약**에 의해 내정을 개혁하고 독립의 자유를 인정하였습니다.

1899년에는 대한국大韓國 국가 체제가 발표되어 '대한'이라고 국호를 고친 것도***다 일본의 우애 덕분이었습니다. 그 외에 러일협상, 일영동맹*의 취지를 보아도 일본제국의 국가 정책은 변치 않아 일본의 선언 및 조약은 실로 세계 여러 나라가 아는 바입니다.

그러나 불행하게도 러시아와 일본 사이에 틈이 생겨 1904년

✱
강화도조약이라 불리는 조일수호조약 또는 일한수교조약은 1876년 2월 27일에 체결되었다. 따라서 이 내용은 착오다.

✱✱
1894년 7월부터 지속적으로 추진된 갑오개혁을 가리킨다.

✱✱✱
대한제국이 출범한 것은 1897년 10월의 일이다. 따라서 이 내용은 착오다.

일영동맹
1902년에 영국과 일본이 맺은 동맹. 러시아의 동아시아 진출을 견제하기 위한 것으로, 1905년에 군사 동맹으로 발전하였고 1910년에 인도의 영토 보전을 규정하였으나 1921년에 워싱턴 회의에서 폐기하였다.

2월 23일, 일본은 한국 독립을 보증하는 조약 일한의정서를 체결하였습니다. 이에 따르면 일본은 한국의 독립을 보장하고, 한국은 일본의 충고를 받아들인다는 조항이 있습니다. 또 그 후에 나온 일한보호협약은 이 조약의 취지를 이행하고 일본의 충고를 달게 받아들여 성립한 것입니다. 그리고 이는 조금도 의심의 여지가 없는 것이고 일본제국이 무력으로 조약을 강요한 것이 아니라 한국이 일본의 충고에 응했을 따름입니다.

이토 공이 초대 통감으로 부임하자 나라의 정책과 부합하는 정치를 펼친 것은 이론의 여지가 없습니다. 이토 공은 일본의 근대화와 문호개방을 말할 때 첫째 위치에 놓일 인물입니다. 자신의 경험과 연륜을 모두 쏟아부어 일본을 오늘날과 같은 강대국에 이르게 한 인물로, 동포를 위하여 노구를 이끌고 한국에 와 진력한 성의는, 배운 사람이라면 모두 인정하는 바입니다. 지금 이에 대한 찬사를 다시 언급할 필요는 없을 것입니다.

그런데도 한국인들이 자신의 충심을 이해하지 못하자 한국 사람의 오해를 풀기 위해 가는 곳마다 설득에 힘썼습니다. 그 가운데 하나를 예로 들면, 1908년 6월 19일 이토 공은 관저에 원로들과 요직인사들을 모아 놓고 시정에 협력토록 유도하고자 다음과 같은 연설을 했습니다.

국권 상실의 첫걸음, 강화도조약

1876년 강화도에서 조선과 일본이 체결한 조약으로 군사력을 동원한 일본의 강압에 의해 체결된 불평등 조약이다. 조일수호조규, 병자수호조약이라고도 부르는데 국권 상실의 첫 단추가 되었다. 빌미는 '운요호 사건'이었다. 1875년 9월, 일본은 영국에서 사들인 신식 전함 운요호를 끌고 강화도에 나타났다. 1킬로미터 밖에서 조준 사격을 할 수 있었던 최신 전함은 순식간에 강화도 초지진을 쑥밭으로 만들었다. 사실 운요호 사건은 치밀하게 계획된 일본의 도발이었다. 운요호가 조선에 의해 피해를 입으면 배상을 청구하고 국제 사회의 관심을 끌어 조선을 압박하려는 것이었다. 결국 일본의 계획대로 운요호가 빌미가 되어 1876년 2월 27일 신헌과 구로다 기요타카 사이에 12개조의 조약을 체결하게 되었다.

조약의 주요 내용을 요약하면 다음과 같다.

첫째, 조선은 부산과 원산과 인천 항구를 20개월 이내에 개항한다.

둘째, 치외법권을 인정하여 개항장에서 일본인 범죄가 발생할 경우 일본인은 일본 법률에 의해 처벌된다.

셋째, 조선의 연안 측량을 자유롭게 한다.

넷째, 조선과 일본 양국은 수시로 외교 사절을 파견하고 일본 화폐의 통용과 무관세 무역을 인정한다.

대한제국 국권 피탈 과정

1876년 강화도조약

1904년 한일의정서

1904년 한일협정서
　　　(제1차 한일협약)

1905년 을사늑약
　　　(제2차 한일협약)

1907년 정미7조약

1910년 한일병합조약

나는 한국이 바람직한 방향으로 가
도록 돕겠다는 마음 하나로 최선을
다할 뿐 한국의 멸망을 바라는 자가
아니다. 가령 폭도와도 같은 저들의
진심과 본뜻에 나 또한 동정을 표하

는 바다. 그러나 그들은 다만 나라의 멸망을 분개할 뿐 아직 한국
을 구하는 길을 모른다. 만약 오늘의 폭도들이 그 뜻을 이룬다면
그 결과는 오히려 한국의 멸망을 초래하는 것이다. 즉 한국을 생각
하고 한국을 위하여 모든 힘을 다한다는 점에서라면 내 뜻도 그들
의 뜻과 조금도 다르지 않으며 다만 그 수단을 달리할 뿐이다.

지사*는 자신의 몸을 바쳐 인仁을 이룬다. 나는 한국을 위하여 인
을 이루는 지사가 되고자 한다. 옛날 중국에서 자산子産이 정鄭나
라*를 다스릴 때 이에 반대하는 사람이 많았다. 하지만 나중에는
정나라 사람 모두가 말하기를, 우리에게 옷을 주고 먹을 것을 준
자는 자산이라고 하였다. 나는 자산의 마음으로 한국에 임하는 자
다. 지금 나의 정책에 대하여 이것저것 비난하는 자가 있으나 훗날
에는 분명히 그 잘못을 깨달을 때가 있을 것이다.

또한 이토 공이 한국 황제를 따라 지난해 봄 남쪽으로는 부산으로
부터 북쪽으로는 신의주까지 호위할 때 기회만 있으면 사람들을

침략 의도가 고스란히 담긴 한일의정서

한일의정서는 1904년 일본이 대한제국을 본격 식민지화하기 위해서 조선 전 지역의 군사상 필요한 거점을 자유롭게 사용하기 위해 체결한 외교 문서다. 일본과 러시아 간 전쟁의 기운이 돌 때 조선의 외무대신 서리 이지용과 일본

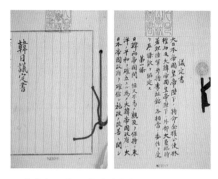

규장각에 보관 중인 한일의정서 체결 당시 대한제국 측 문서와 일본 측 문서 원본.

공사 하야시 곤스케는 '한국에 위험 사태가 발생할 경우 일본은 이에 신속히 대처하며, 일본 정부의 목적을 달성하기 위해 전략상 필요한 지역을 언제나 사용할 수 있도록 한다.'는 내용의 6개조 한일의정서를 체결하였다. 강화도조약, 을사늑약과 마찬가지로 강제로 체결되었다.

의정서의 내용은 다음과 같다.

제1조 한일 양국이 친교를 유지하고 동양의 평화를 확립하기 위하여, 대한제국 정부는 대일본제국 정부를 믿고 시정의 개선에 관하여 그 충고를 듣는다.

제2조 대일본제국 정부는 대한제국 황실의 안전을 도모한다.

제3조 대일본제국 정부는 대한제국의 독립과 영토 보전을 보장한다.

제4조 제3국의 침해나 내란으로 인하여 대한제국의 황실 안녕과 영토 보전에 위험이 있을 경우에 대일본제국 정부는 속히 필요한 조치를 취할 것이며, 이때 대한제국 정부는 대일본제국 정부의 행동이 용이하도록 충분한 편의를 제공할 것, 또한 대일본제국 정부는 이러한 목적을 달성하기 위하여 전략상 필요한 지점을 사용가능할 수 있도록 한다.

제5조 대한제국 정부와 대일본제국 정부는 상호의 승인을 거치지 않고는 본 협정의 취지에 위반되는 협약을 제3국과 체결할 수 없다.

제6조 본 협약에 관련되는 미비한 세부 내용은 대한제국 외부대신과 대일본제국 대표자 사이에 임기 협정한다.

한일의정서 체결 기념사진.

보고 느낌을 말하며 오해를 풀기 위해 연설을 한 일도 있습니다.

1월 12일 대구이사관 관사에서는 군수, 양반, 유생을 모아 놓고 다음과 같이 연설을 하였습니다.

만약 다른 나라를 망하게 하려는 속셈을 가지고 그 나라에 가서 도 와주려는 자가 있다면 어찌 국민의 교육을 장려하고, 산업을 장려 하며, 특히 임금께 그 덕을 닦으시게 하고 국민의 마음을 안심시키 는 수단을 취하도록 하겠는가. 나는 통감으로서 이 나라에 와 이웃 나라와의 교제와 우정을 중하게 여겨 성스럽고 밝은 우리 군주의 이웃나라에 대한 배려를 한국인 모두에게 심어 주려고 노력하고 있다. 여러분이 다시 한번 숙고하면 의심할 까닭이 없을 것이다.

1월 하순에는 평양에서 한 연설에서 한국의 국력을 통계로 보여 주어 청중을 크게 감동시킨 바 있는데, 연설의 결론에 이르러서 이렇게 일렀습니다.

요컨대 일본이 한국에 와서 보호하고자 하는 취지는 한국의 국력 을 발전시키려는 것에서 벗어남이 없다. 현재 한국의 국력은 미약 하기 때문에 여러분이 나라를 사랑하고 일본과 한국이 서로 제휴 하여 한국의 국력 발전을 도모하기를 간절히 바란다.

이토 히로부미는 안중근 의사에게 사살된 뒤 일본 도쿄로 운구되었고, 이토의 장례식은 일본 최초의
국장으로 엄수됐다.

이토 히로부미의 시신은 일본 정부가 마련한
도쿄 시나가와 부근 특별 묘지에 안장되었다.
천여 평이 넘는 넓은 부지에 자리를 잡고 있
는 이토 히로부미의 묘지는 각종 석물들과 거
목으로 웅장하게 꾸며져 있다.

또한 4월 24일, 한국 관광단이 동경에 오자 동양협회모임에서 일한 양국 관계를 설명한 연설에서는 이렇게 말했습니다.

나는 오늘까지 3년 반 동안 큰 명령을 받아 일한 양국을 위하여 성심성의껏 최선을 다하였으므로 죽어도 한이 없다.

요컨대 피고들은 세상도 모르고 자신도 무식한 까닭에 이토 공을 일본의 정책에 반하여 동양 평화를 문란케 한 자로 여겨 참으로 웃음거리가 되고 만 것입니다.

1. 안중근은 이토 공에게 개인적 원한이 있어 거사를 일으킨 것이 아니며, 개인으로서 생명을 빼앗는 행위는 해서 안 되지만 동양 평화와 한국 독립을 위해 이토를 죽이지 않을 수 없었다. 이 때문에 부모형제를 버렸고 그래서 지금 내 안중에는 부모, 처자, 형제도 없다는 것이 피고의 주장입니다. 이를 통해 피고는 일찌감치 자신의 대의명분을 위해 이토 공을 살해할 뜻을 가지고 있었다고 판단할 수 있습니다.

2. 10월 26일 아침, 하얼빈 정거장 안에는 일본인의 자유 입장이 허락되었습니다. 그래서 일본인과 비슷하게 생긴 한국인과 일본인을 구분하여 단속하지 못하였으므로 안중근은 손을 크게

흔들며 환영 인파 속으로 들어가 이토 공을 저격하여 죽음에 이르게 한 것입니다. 그 상황은 러시아 대장대신의 증언을 통해 확인할 수 있으며, 안이 사용한 총기는 예리한 브라우닝 7연발 총으로 나머지 한 발만 총에 남아 있었습니다.

흉강
가슴속 공간.

3. 피고는 권총에는 숙련되어 한 발도 헛되이 쏘지 않고 세 발을 이토 공에 명중시키고, 더욱이 피고가 반드시 성공하리라 믿었던 십자형 홈을 새긴 총알은 인체의 딱딱한 부분에 닿으면 납과 니켈 표피의 분리를 촉진하는 효과가 있어 큰 총상을 입힙니다. 그리하여 이토 공의 폐를 관통한 두 개의 총알은 흉강* 안에서 큰 출혈을 일으켜 십여 분 만에 이토 공의 목숨을 끊고 말았습니다.

한 증인의 말에 따르면, 이토 공이 자신을 쏜 자가 한국인이라는 말을 듣고 "바보 같은 놈"이라고 말했다는데, 이는 사실과 다릅니다. 이토 공은 자신을 쏜 자가 누구인지도 모른 채 죽었던 것입니다.

공작을 쏜 총에 뜻밖의 재난을 당한 가와카미 총영사는 공과 피고 사이에 서 있다가 날아오는 총알에 부상을 입었습니다.

피고는 선두에 선 이를 공작이라 여겨 총구를 겨누어 세 발을 쏜 후 혹시 공작이 반대 방향에 있지 않을까 여겨 방향을 바꾸어 세 발을 또 발사할 만큼 철저하게 행동했습니다. 그 총알은 모리 및 다나카, 두 사람을 부상 입혔습니다. 남은 한 발은 플랫폼에 떨어져 있었다고 하는데, 총알의 십자형 홈에 옷감 털이 묻어 있는 것을 러시아 관헌이 보냈으므로 이 또한 증거품으로

제출합니다. 이것은 나카무라와 무로다, 두 사람의 바지를 뚫은 것입니다.

4. 본 범죄의 동기는 정치와 관련 있는 듯 보이지만 결코 정치범*이 아닙니다. 왜냐하면 이토 공작이 현재 한국의 통감이 아니라는 것은 피고들도 잘 알고 있습니다. 이토 공이 과거 통감을 지낼 무렵 시행한 정치 때문에 국권 피탈을 당하고, 또 자신이 아는 사람이 처형당한 데 대한 복수를 한 것입니다. 비록 잘못된 행위를 천하에 밝히는 데 거사의 목적이 있다 해도 이 거사로 현재의 제도를 개혁할 수는 없으며, 이는 피고도 스스로 인정하는 바입니다. 이토 공작이 죽었다고 해서 이미 체결된 일한협정이 사라질 까닭도 없으며, 일본이 현 상태를 유지하고 처음부터 목적한 바대로 한국을 도와주었다는 점에서 보더라도 피고들은 정치범이 아닙니다. 정치범이란 정치적 효과를 거둘 목적으로 정치적 질서를 파괴하는 게 목적이기 때문입니다.

피고 안중근은 이토 공을 살해하여 자기 나라에 대한 의무를

다했다고 주장합니다. 그러나 이 거사로 한국의 국위를 온전케 하고 국권 회복에 한 걸음 내디뎠다고 볼 수도 없습니다.

특히 안중근은 3년 전 진남포를 떠났습니다. 처자식과 형제를 버리고 고향을 떠나기 전에는 석탄사업을 하였으나 실패했습니다. 그래서 고향에 더 머무를 수 없어 러시아 영토로 갔습니다. 그러나 별로 할 일이 없어서 처음에는 한국인을 위한 교육을 하고자 했지만 아무 것도 없는 빈손에 동조하는 사람도 없어 뜻을 이루지 못한 채 지내다, 우연히 과격한 무리들과 교제하게 되어 사방을 유랑하다 마침내 의병에 투신하였습니다. 그러나 본래 오합지졸인 이들은 한 번 패하자 지리멸렬하고 말았습니다.

결국 가족조차 대할 면목이 없어진 그는 작년 4월 초, 둘째 아우에게 보낸 편지에서, 유럽에 갔다가 블라디보스토크에 돌아왔는데, 가까운 시일 내에 파리와 로마로 갈 뜻이 있다고 하며 생활에 여유가 있는 것처럼 말했습니다. 그러나 이 유럽 여행이 전혀 사실무근인 것은 피고도 인정하였고, 둘째 동생 또한 형이 면목이 없어서 과장해서 말한 것이라고 인정하였습니다.

이번에 피고가 하얼빈에 올 때도 여비가 궁하자 국가를 위한 일이라며 블라디보스토크에서 이석산이라는 자에게 100루블을 강탈하였으니, 과거에도 분명 이런 방법으로 양민들을 강탈하는 일을 저질렀을 것입니다.

이처럼 가족과 친구에게 면목 없던 피고가 면목을 세우기 위해 돌발적으로 큰일을 꾸민 게 아닌가 예측하는 것도 절대 무리가 아닙니다.

당쟁
조선 중기·후기 정치적 견해를 달리하는 정치 집단끼리 당파를 이루어 서로 싸우던 일.

우덕순도 마찬가지라고 볼 수 있습니다. 그는 블라디보스토크의 숙소에 숙박비가 7루블이나 밀려 있는데도 모른 척하고 온 자입니다. 이런 몰염치한 자가 국가의 운명을 혼자서 짊어지겠다니 참으로 가소로운 일이라 하겠습니다. 만일 그것이 본심이라면 과대망상에 미치광이임이 분명합니다. 정치적으로 국가의 명예를 드높이는 것은 의미 있는 일이나, 사람들의 동정이나 얻으려는 이 사이비 살인범들은 막다른 골목에 다다르자 절망 상태에서 범죄를 저지른 것일 뿐입니다.

5. 한국에서는 이런 암살이 역사상 드뭅니다. 한국 역사를 살펴보면 예로부터 당쟁*이 자주 있어 사람을 죽이는 일이 흔했는데, 한쪽 당이 정권을 잡으면 다른 편 당 사람들을 죽이는 일이 있었습니다. 그러나 한 개인이 국가를 위한다면서 살인을 저지르는 일은 흔치 않은 것입니다.

그런데 최근 이런 종류의 암살이 유행하기 시작했습니다.

첫번째 사건은 1884년 서재필*등이 민영익*을 죽이려다 실패한 것입니다.

다음으로 1894년, 홍종우가 상해에서 김옥균*을 죽인 예가 있습니다.

그 외에도 박영효*에 대한 살인미수, 김학우에 대한 살인, 이용익에 대한 살인미수, 우범선에 대한 살인, 이근택에 대한 살인미수, 박용화에 대한 살인미수, 지난 1908년 샌프란시스코에서 일어난 스티븐스 저격 사건 등 살인 사건이 모두 10건이나 됩니다.

그런데 이상하게도 이들 범인 가운데 중형에 처해진 자가 한 명도 없고, 오히려 지금도 범인이 밝혀지지 않은 경우조차 있습니다. 이 때문에 불온한 무리들은 살인 사건을 그다지 중요하게 여기지 않습니다. 때와 장소, 방법이 어떠냐에 따라서는 발각되지 않을 수도 있고, 게다가 발각되어도 중형에 처해지지도 않습니다. 더욱이 운만 좋으면 상을 받을 수도 있다는 생각을 하게 되었습니다. 이번 이토 공 살해도 이와 같은 과거

서재필
독립운동가. 김옥균·박영효·홍영식·서광범 등 개화파의 일원으로 갑신정변을 일으켰으나 실패하자 일본을 거쳐 미국으로 망명해 의사가 되었다.

민영익
조선 후기 명성황후의 친정 조카다. 개화기 개화업무를 이끌었으나 고급관료직을 맡고 정치적 입장이 보수파로 바뀌면서 개화파와 등을 지게 됐다.

김옥균
조선 후기의 정치가. 갑신정변을 주도하였는데, 갑신정변에 투영된 김옥균의 사상 속에는 문벌 폐지, 인민 평등 등 근대사상이 담겼다. 갑신정변 실패 후 망명한 상하이에서 자객에게 암살당했다.

박영효
조선 후기의 정치가. 급진 개화파로 갑신정변을 주도했다. 김옥균·홍영식·서광범 등 개화당 요인들과 결속, 정치적 혁신을 주창했다. 그러나 훗날 친일파로 변절했다.

독립운동 사상 첫 번째 의거, 스티븐스 저격 사건

스티븐스 저격 사건을 보도한 《샌프란시스코 크로니클》 기사.

1908년 3월 23일, 일본의 한국 점령을 찬양한 미국 내 친일주의자 스티븐스를 사살한 사건이다. 이 사건은 독립운동 사상 첫 번째 의거였다. 스티븐스는 통감부의 외교고문이었는데 일본의 한국 지배를 정당화하고 미국인의 반일 감정을 무마시키는 데 앞장선 인물이다. 스티븐스를 사살한 전명운(사진 왼쪽)과 장인환(사진 오른쪽) 두 사람은 사전 협의 없이 독립적으로 거사에 나섰으며, 전명운이 스티븐스를 잡는 순간 장인환이 쏜 총알이 스티븐스를 죽였다. 장인환은 재판에서 사형이 구형됐으나 미국 공익 변호사들의 도움으로 25년 징역형을 받고 10년 복역 뒤 가석방됐다. 특히 이 사건은 안중근 의사의 하얼빈 의거에 영향을 미쳤고, 요인 암살 등 방식에 있어 적극적인 독립운동을 촉발했으며, 미국 내 여러 한인단체의 통합을 이끌었다.

개화파의 주요 인물이었던 박영효, 서광범, 서재필, 김옥균(왼쪽부터) 등은 1884년 10월 4일 조선에서 처음으로 근대식 우편제도를 시행할 우정국 건물을 완성하고 낙성식 피로연에서 수구파들을 모두 제거하려는 갑신정변을 일으켰다.

사례에 따라, 특히 스티븐스를 죽인 장인
환이 금고형*에 처해진 것을 알게 된 안
중근이 저지른 것입니다.

    이와 같이 사이비 정치범이 소중한
생명을 살상하는 것은 인도적으로 보아
도 불상사입니다. 따라서 국법이 있는 이
상 대가를 치르게 한다는 형벌의 본질을 발휘하여야 할 것입니다.

    이러한 이유로 본 검사는 안중근에게 사형을 구형하고, 우덕
순에게는 1년 6개월의 징역형*을 구형합니다.

오후 4시경 폐정

변호사, 그리고
최후의 진술

다섯 번째 공판

1910년 2월 12일 개정

가마다 변호사가
미나베 재판장을 향해 진술한다.

변(가마다)　　재판관 각하, 본 변호인은 본건의 변론을 맡아 먼저 각하께 감사의 뜻을 표함과 더불어 한 가지 희망을 말해 두고자 합니다.

첫째, 관동주 재판사무 취급령에 의하면 일본 본토의 형사소송법과 달리 중죄를 저지른 사건에 대해서 반드시 변호인을 붙여야 한다는 강제 규정이 없습니다. 그런데도 재판장 각하는 본건을 위해 특별히 두 사람의 관선 변호인을 선임하였습니다. 뿐만 아니라 첫 공판이 열린 이래 피고 안중근이 말하고자 하는 것은 무엇이든 충분히 경청하였습니다. 이에 변호인은, 각하가 본건 심리*에 주도면밀한 주의를 기울인 점 그리고 공평하고도 신중한 심리를 베풀어 준 데 대해 피고를 대신하여 깊이 감사의 뜻을 표합니다.

둘째, 그러나 변호인은 본건에 대해 더욱 주의를 바라는 점이 있습니다. 본래 이 사건은 일본제국의 원훈元勳*이자 세계적으로 위대한 인물인 이토 공작을 암살한 사건입니다. 이 비보가 전해지자 일본의 모든 백성은 물

심리
재판의 기초가 되는 사실관계를 명확히 하기 위해 자세히 조사하는 것.

원훈
나라를 위하여 훌륭한 일을 하여 가장 으뜸이 되는 공.

론 세계 여러 나라가 경악하였습니다. 본인은 이 흉포한 행위를 감행한 자에게 어떠한 형벌을 가한다 해도 모자랄 것이라 생각합니다.

그러나 이 사건은 검찰관의 공소장*을 보아도 알다시피 단순한 살인죄에 불과합니다. 법률이 살인죄에 대해 형법을 만들어 보호하고자 하는 것은 결국 우리의 '생명' 그 자체입니다. 그리고 생명이란 피해자의 지위고하나 기타 어떤 것에 의해서도 차별받지 않는 것입니다. 바꾸어 말하면 원훈이나 공작이라 해도 법에서는 일반 백성과 똑같이 취급한다는 말입니다.

바라건대 이제까지 본건에 대해 재판관 각하가 보여 주신 공평한 조치가 유종의 미를 거두기를 간절히 바랍니다.

변호인은 변호에 앞서 해결해야 할 문제를 제기하려 합니다.

본건의 범죄가 일어난 곳은 러시아 동청철도회사의 부속지인 하얼빈이며, 그곳은 당연히 청나라의 영토입니다. 러시아는 단지 철도 수비*라는 명목 아래 행정경찰권*을 갖고 있을 뿐입니다.

다음으로 피고들은 모두 국적이 한국입니다. 따라서 이들에

공소장
검사가 법원에 재판을 청구하고자 할 때 관할 법원에 제출하는 문서.

수비
외부의 침략이나 공격을 막아 지키는 일.

행정경찰권
교통·경제 등 행정 각 부문에 질서유지를 목적으로 하는 권력 작용.

게 어떤 법을 적용해야 하는가는 매우 중요한 문제라고 생각합니다. 지금 이들에게는 다음과 같은 일본 형법 제3조의 규정을 적용하고 있습니다.

본법은 제국 이외에서 죄를 범한 일본 국민에게 적용한다. 제국 이외의 지역에서 제국 국민에 대하여 죄를 범한 외국인에 대해서도 동일하다.

그러나 변호인은 이러한 법 적용이 일청통상항해조약*을 무시한 잘못된 근거라는 사실을 발견했습니다. 1896년 7월 21일에 체결된 일청통상항해조약에 의하면 제22조에 이런 내용이 있습니다.

청나라에서 범죄의 피고가 된 일본국 국민은 일본국의 법률에 의하여 일본국 관리가 이를 심리하며 그것이 유죄로 인정된 때에는 이를 처벌하기로 한다.

그러므로 외국인에 대해 일본이

일청통상항해조약
청일전쟁에서 일본이 승리한 후 일본과 청나라 사이에는 여러 조약들이 속속 맺어졌다. 일청통상항해조약도 그중 하나로 양국 간의 우호적인 교류와 무역 등 통상관계를 규정하기 위해 체결된 조약이다. 주로 상대국의 영역 내에서 선박의 입항과 상대국 국민의 출입국 및 체류에 대해서 규정한다.

재판권을 행사하는 것은 인정되지 않고 있습니다. 그렇다면 이를 해결할 수 있는 근거는 무엇일까요? 변호인은 우선 한국과 청나라 사이의 조약에 대해 연구해 보았습니다.

1899년 9월 11일에 체결된 한청통상조약*에는 이런 내용이 담겨 있습니다.

한청통상조약
원래 명칭은 '대한국대청통상조약'이다. 1899년 대한제국과 청나라가 체결한 14개조 통상조약이다. 내용은 양국이 서로 균등한 자격으로 거류민의 신분과 재산을 보호하며 이를 위해 전권대사(전권위원)를 교환하고 총영사관을 설치하자는 것이다. 또 개항한 지역에서만 무역을 할 수 있게 정하고 이를 지키지 못했을 때는 국법에 따라 처벌하도록 규정하였다.

중국 국민으로서 한국에 거주하는 자가 만일 범죄를 저지를 경우에는 중국 영사관에서 중국 법령에 따라 심판한다. 또한 한국 국민으로 중국에 거주하는 자가 만일 범죄를 저지를 경우에는 한국 영사관에서 한국 법령에 의하여 심판한다.

따라서 한국인이 청나라 영토에서 범죄를 저지른 경우 적용해야 할 형법은 한국법임이 명백합니다.

그러나 여기서 문제가 되는 것은 그 후에 한국과 일본 사이에 체결된 협약, 즉 1905년 맺은 을사보호조약이 위의 한청통상조약에 대해 어떤 영향을 끼치는가입니다. 이것이 본 문제를 결정하는 중요한 요인입니다.

피고 안중근은 이 을사보호조약이 강제로 체결됐기 때문에 이토 공을 살해했다고 주장하며, 이 조약은 무효라고 하지만 그렇다고 이미 체결된 조약을 무시할 수는 없습니다.

이 조약 제1조에 이런 내용이 있습니다.

제1조 일본 정부는 도쿄에 있는 외무성이 금후 한국의 외국에 대한 관계 및 사무를 관리·지휘할 것이고, 일본국의 재경 대표자 및 영사는 외국에 있는 한국 국민 및 그 이익을 보호할 것.

즉 이 조약의 정신은 일본이 한국의 독립을 유지하기 위해 한국이 부강한 나라가 될 때까지 외국에 있는 한국 국민과 그 이익을 보호한다는, 이른바 외교권 위임*입니다. 검찰은 이 조항에 따라, 한국이 외국에서 갖는 재판권을 일본이 대신 행사할 수 있다고 하며 나아가 이 사건에 적용할 형법 또한 일본제국 형법이라고 주장하였습니다.

그러나 이 조약의 정신은 변호인이 설명한 것처럼 일본제국은 한국의 위임에 의해 한국의 권리와 이익을 보호하는 것으로, 이 때문에 한국의 대외적 권력, 즉 주권의 일부가 소

위임
어떤 일을 책임 지워 맡기는 것.

멸하는 것은 아닙니다. 따라서 한국은 자국의 이익을 보호하기 위해 한국 고유의 법을 적용할 수 있고, 이때 일본제국 관리가 이를 집행할 수 있다는 말입니다.

변호인은 이상에서 제시한 근거에 따라 본건 재판에 대해서는 결국 한국 형법을 적용해야 한다고 판단됩니다. 그리고 한국 법률이 과연 피고 등을 처벌할 규정을 가지고 있는가 하는 점이 마지막으로 검토해야 할 문제입니다.

한국 형법을 살펴본 결과, 국외에서 저지른 범죄에 관해 마땅한 규정이 없어 본 사건에 대해 처벌할 근거가 없다는 결론을 내릴 수밖에 없습니다. 피고 등과 같이 거리낌 없이 대낮에 큰 죄를 범한 자에게 아무 벌도 내릴 수 없다는 것이 과연 합당한지는 변호인 또한 유감이지만 이 또한 법의 문제이기 때문에 감정적으로 판단해서는 안 된다고 믿는 것입니다.

그리하여 법이 제정되어 있지 않기 때문에 피고가 '무죄'라고 변호할 수밖에 없습니다.

변(미즈노)　본 변호인 또한 앞서 변론한 가마다 변호사의 의견과 같이 본 사건에 대해 일본 형법이 아니라 한국 형법을 적용해야 한다고 믿습니다. 그러나 한국 형법의 결함은 이러한 중대한 사건을 처단할 규정이 없다는 점입니다. 그러므로 앞의 변호인과 같이 본 변호인 또한 '무죄'라고 할 수밖에 없습니다.

그러나 법률에 대한 견해에는 각자 서로 자기 의견이 있으므로 본 변호인은 오로지 변호인의 의견이 올바른 해석이라고 주장하지는 않겠습니다. 그

정상참작

법률적으로는 특별한 사유가 없더라도 범죄가 일어난 사정을 헤아릴 만한 사유가 있다고 판단되는 경우, 법원이 그 형을 줄이거나 가볍게 하는 것.

러므로 한 걸음 양보하여 검찰관의 논고대로 일본 형법을 적용했다고 가정한다면, 이 경우 피고의 사건에 대해 과연 어떤 형량을 부과할 것인지, 이른바 형의 양에 대해 의견을 피력하고자 합니다.

검찰관의 논고와 같이 일본 형법이 만약 보복주의에 기반한 것이라면 눈에는 눈, 이에는 이라는 식으로 사람을 죽인 자는 사형에 처하는 것이 보복의 방법으로는 완전한 것이라고 생각합니다.

그러나 일본 형법은 하나의 범죄에 부과하는 형벌의 범위가 대단히 광범위해서 재판관에게 각 범인에게 부과할 형의 양을 정할 수 있는 권한을 부여하고 있을 뿐 아니라, 법률적으로는 특별한 사유가 없더라도 정상참작*하여 법관의 판단에 따라 그 형을 줄여 주는 일도 가능하도록 하고 있습니다. 이러한 내용으로 미루어보건대 일본 형법은 보복주의가 아니라 범죄 방지를 위해 재판관이 판단할 수 있도록 한 것이 분명하다고 생각합니다.

이상에서 살펴본 것처럼 일본 형법주의에 따르면 검찰관이

요구한 사형이 적당하지 않다는 사실을 누구나 알 수 있습니다.

문전걸식
이 집 저 집 돌아다니며 빌어먹는 일.

본 사건의 피고인은 이미 자신의 죽음을 각오하고 일을 수행하였습니다. 그러므로 피고를 사형시킨다고 해서 훗날 사회에 발생할 피고와 같은 자들에게 전혀 위협이 되지 않습니다.

더욱이 피고가 이런 살인을 저지른 것이 검찰의 주장대로 세계가 돌아가는 이치를 이해하지 못해서라면, 세상 이치를 알려 주어 개과천선하도록 만들 희망도 있을 것입니다. 그런 피고를 사형에 처하는 것은 일본 형법의 정신에 따르면 부당한 것입니다.

일본 형법 제199조는 살인죄에 과하는 형량을 3년 징역에서 사형에 이르기까지 재판관의 자유로운 판단에 따라 범죄의 형태, 범행 동기, 피고인의 신분과 성격 등 주위 사정을 헤아려 적당한 형량을 부과하도록 하고 있습니다.

살인을 저지르는 범인의 신분과 성품은 다양해서 위로는 재상, 학자, 부호로부터 아래로는 문전걸식*을 일삼는 거지에 이르기까지 다양합니다. 또한 범죄의 형태를 보아도 조용히 잠자는 것처럼 살해하는 경우가 있는가 하면 처참해서 눈뜨고 볼 수 없을 만큼 잔인한 경우도 있습니다.

특히 가장 중요한 범행동기를 보자면 조국을 위해 희생하고

자 하는 진심에서 행한 경우가 있는가
하면, 사리사욕을 채우려는 비열한 마
음에서 저지른 경우도 있습니다.

의사
나라와 민족을 위하여 제
몸을 바쳐 일한 의로운 사
람을 일컫는다.

한편 사리사욕을 채우려는 경우에
도 부귀영화를 누리면서도 더 큰 이익을 위한 경우가 있는가 하면
가족이 먹을 한 끼 식사조차 없어 죄를 저지르는 경우도 있습니
다. 그런 까닭에 일본 형법은 살인죄의 경우 3년 징역에서 사형이
라는 극형에 이르기까지 넓은 범위를 정한 것입니다.

피고의 사건을 보건대 그의 가문은 지방의 명문 가문으로,
피고는 할아버지의 훈육을 받아 《자치통감》을 8권까지 읽었고, 종
교적으로도 신앙심이 극히 깊습니다. 검찰관에게 한 그의 답변 태
도를 보더라도 그는 한국인으로서는 드물게 학식이 있는 사람이
라고 볼 수 있으며, 신분도 낮지 않고 성품과 소행도 결코 나쁘지
않음을 알 수 있습니다. 범죄 동기 또한 아무리 오해라고 해도 이
토 공을 죽여 어떻게든 조국에 충성을 다하겠다는 진심에서 나온
것은 의심할 여지가 없습니다.

검찰관은 피고의 행위가 정치범이 아니라 단지 한국에 대한
모욕과 아는 사람이 살해된 데 대한 원한을 갚은 것으로 동정의
여지가 없다고 주장하고 있습니다. 그러나 피고는 이토 공을 살해
함으로써 훗날 일본과 한국의 의사義士*가 될 뿐 아니라, 두 나라

사이의 조약을 개선하고 동양 평화를 기대할 수 있다고 생각하였던 것입니다.

설혹 검찰관의 주장을 받아들여, 만고에 남을 국가적 수치를 씻고 동포가 살육된 것에 대해 보복을 하고자 일신의 위험을 무릅쓰고 분풀이를 한 것이라면 그 또한 동정할 가치가 충분하다고 여겨집니다.

특히 검찰관은 피고의 의도를 의심하며, 피고가 사업에 실패하고 정치에 뜻을 둔 것과 형제에게 유럽을 유람했다고 거짓 편지를 쓴 일, 이석산에게서 여비를 강탈한 일을 들어 3년간의 방랑 생활 끝에 나온 궁여지책으로 국가를 위한다는 평계를 대고 범행을 저질렀다 추측하였습니다.

만일 그렇다면 원래 상업이란 교활한 사람이 아니고는 성공하기 어려운 일이기에 의로운 뜻을 품은 피고가 실패한 것은 오히려 당연하다 할 것이며, 그 후 정치에 뜻을 둔 것은 피고가 자신의 성품에 맞는 길을 간 것으로 너무도 자연스러운 결과라 하겠습니다.

또한 형제에게 거짓 편지를 보냈다는 것도 참으로 가련한 마음에서 우러나온 것입니다. 피고는 스스로 자백한 바와 같이 형제와 처자까지 버리고 의병으로서 국권 회복에 온 힘을 다하고 있었는데, 의병이란 법에 어긋나는 반역행위를 하는 이들입니다. 따라서 그 일이 관헌에게 발각되는 날에는 피고뿐만 아니라 가족들에게까지 화가 미치게 됩니다. 가족을 생각해 거짓 편지를 띄우는 것은 당연한 행위일 것입니다.

전별금
보내는 쪽에서 예를 차려 작별할 때에 떠나는 사람을 위로하는 뜻에서 주는 돈을 말한다.

피고가 가족에 대한 그리움을 유럽 유람이라는 거짓말로 포장해서 가족들의 소식을 알아보려고 한 것 또한 그 마음속 아픔에 대해 동정하지 않을 수 없습니다. 이를 단지 거짓말이라고 해서 그의 마음이 비열하다고 의심하는 것은 겉만 중시하는 견해에 불과합니다.

특히 이석산에게서 돈을 강탈했다는 것 또한 비상식적인 견해라고 생각합니다. 블라디보스토크에서 온 보고에 따르면, 이석산이라는 사람은 존재하지도 않는데, 존재하지도 않는 사람에게서 무엇을 강탈한단 말입니까?

또 피고는 1~200루블 정도는 강탈하지 않고도 전별금*이나 독립자금으로 얻을 곳이 얼마든지 있습니다. 따라서 이 돈은 이석산에게 강탈한 게 아니라 동지들에게서 구한 것임은 추측하기 어렵지 않습니다. 그런데도 피고는 왜 이런 거짓 진술을 했을까요?

그건 피고가 스스로 강도의 오명을 뒤집어쓸지언정 동지의 이름을 알려 주어 훗날 어려움을 겪도록 하지 않겠다는 의협심에서 나온 것이 분명합니다.

결론적으로 피고는 오해에서 비롯되었다고 해도 세계의 흐름에 밝지 못해 오로지 나라와 군주의 은혜를 갚고 동포를 위해 죽겠다는 신념에서 자기 몸과 가족을 버리고 이 일을 행했다고 볼 수밖에 없습니다. 이런 일을 저지른 무지와 오해에 대해서는 가련하기 짝이 없지만 증오할 까닭은 전혀 없는 것입니다. 오히려 가르쳐 주어 새로운 사람으로 거듭날 기회를 주어야 할 뿐 벌을 줄 필요는 없는 것이라 판단됩니다.

따라서 일본 형법 제199조에 의거, 형량을 정한다면 가벼운 징역인 3년에 처한다면 충분하다고 믿으므로, 변호인의 요구는 징역 3년입니다.

한편, 한국에서 일어난 과거의 자객 사건은 민영익에 대한 서재필의 사건으로부터 며칠 전에 발생한 이완용에 대한 이재명의 사건까지 12회에 이릅니다. 그러나 사형을 당한 사람은 한 사람도 없으며, 오히려 김옥균을 죽인 홍종우 같은 자는 그 일로 인해 더욱 안락한 생활을 하고 있다고 합니다.

본래 범행 상태와 재판을 하는 나라의 사정에 따라 형벌에 차등이 있지만, 특정 사건이 사리사욕 때문이 아니라 국가를 위한 것이라면 동정하는 것은 당연한 일입니다.

요컨대 사건의 옳고 그름이나 해악害惡의 크고 작음과는 별도로, 이른바 자객이 보통 그 나라를 위하고 동포를 위하겠다는 마음에서 일을 저지른 데 대해서는 누구나 동정을 하는 바입니다. 그런 까닭에 그 처분이 과하지 않은 것도 각국의 관례였습니다. 그래서 범죄의 정상을 참작하여 법관의 판단으로 그 형을 줄여 주는 게 이번 사건에서도 충분히 가능하다고 판단됩니다.

앞서 한국의 자객에 대한 형벌이 너무 가벼워 본 사건과 이재명 같은 자객이 속출하니 앞으로 이런 일을 방지하기 위해서라도 피고에게 극형을 내려야 한다는 검찰관의 논고가 있었습니다. 그러나 앞에서 말했듯이 본래 자객은 형벌을 두려워하는 자들이 아니므로 피고에게 사형을 내린다고 해도 검찰관의 희망은 달성될 수 없을 것입니다.

더욱이 한국인은 일본의 한국인에 대한 지원과 보호가 공평한 것인지에 대해 의문을 품고 있습니다. 그런데 이런 상황에서 일본에서도 유례가 없는 극형을 피고에게 내린다면, 한국인들은 의문과 아울러 분노를 품게 될 게 분명해 오히려 이러한 사건이 계속 일어날 것입니다.

특히 이 사건을 계기로 일본과 한국 사이의 친밀함을 해치려는 자들이 늘어날 것입니다. 피고가 무지하고 고집스럽게 행동한 결과 큰일을 벌인 것은 유감스럽지만, 자기 몸을 바쳐 국가를 구

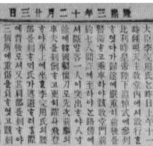

이재명 의사의 거사를 보도한 1909년 12월 23일자《대한매일신보》. 이재명 의사는 1909년 이토 히로부미를 죽이고자 계획하였고 12월 명동성당에서 이완용을 찌르고 체포되어 사형당했다.

이재명 의사.

하겠다는 뜻은 대단한 것입니다. 그렇
다면 이러한 뜻을 잘 이끌어 가르친다
면, 이 자도 언젠가 일본의 뜻을 헤아
려 한국의 미래를 위해 일하지 않겠습
니까?

반면, 피고를 중형에 처한다면
일본의 한국에 대한 정책도 실패로 돌아가고 한국을 위해서도 바
람직하지 않다고 생각합니다.

끝으로 변호인은 죽은 이토 공작이 피고에 대하여 중형을 요
구할 것인지, 아니면 관용을 베풀기를 원할 것인지 판단해야 한다
고 생각합니다.

공작이 처음 장주長州의 시골에서 세상의 거친 파도 속에 뛰
어들게 된 것은 일본이 미국 군함의 검은 연기에 도쿠가와 치하
300년의 게으른 잠에서 깨어난 직후입니다. 당시 일본의 모든 백
성은 가마솥처럼 들끓고 있었습니다. 그 무렵 공작은 당연히 존왕
양이尊王洋夷[*]의 최선봉에 서 있었습니다. 오늘날의 시각으로 본다
면 세계의 대세에 어둡고 무지와 아집에 사로잡힌 가련한 인물이
었던 겁니다. 그 당시에는 오늘날 일본을 이끌어가는 모든 지도자
들이 같은 처지였습니다.

공작은 당시 선각자인 사카이 조타쿠가 개국[*]을 통한 문호

개방을 이끄는 것을 보고 그를 암살할 계획까지 세웠지만 사전에 사카이가 눈치 채 이루지 못했습니다. 그 후에도 공작은 영국 공사관을 소탕할 결심도 하였습니다.

그러나 그 후 영국에 다녀오고 나서는 전날의 잘못을 뉘우치며 개국을 통해 앞으로 나아가야 한다는 천황의 정책에 찬성하여 일본 제1의 원훈이 되었습니다. 이런 공작도 젊은 시절의 행동은 피고 안중근과 똑같았습니다.

영국 공사관 소탕 때는 다행히 공작과 동지들이 체포될 일이 없었지만 만일 이때 발각돼 체포되었다면, 공작이 오늘과 같은 눈부신 업적을 어찌 이룰 수 있었겠습니까?

일세를 풍미한 위인도 헛되이 한 과격분자*로 끝을 맺어 피고와 같은 경우에 처했을 것입니다. 그러하기에 공작이 피고의 경우를 보신다면 아마 뜨거운 눈물을 흘리며 동정하리라고 믿습니다. 공작의 도량이 넓고 동정심이 풍부한 것은 세상 모두가 아는 사실입니다.

또 경찰관도 증언했다시피 공작이 한국의 고관대작*을 관저에 초대한 연설에서, 폭도나 나나 한국을 염려하는 마음 하나만 보면 똑같으나 그들은 한국을 구하는 수단을 잘못 사용하고 있다고

과격분자
주장이나 행동이 극단에 치우치게 격렬한 사람.

고관대작
지위가 높은 훌륭한 벼슬이나 큰 작위. 또는 그런 벼슬이나 작위에 있는 사람.

말하며 단지 그들을 동정할 뿐 미워하
는 마음은 조금도 없다고 하였습니다.

가중처벌
어떤 범죄에 대해 법으로 정
해 놓은 형 이상으로 형을
가중해서 처벌하는 것.

참으로 슬픕니다! 이토록 깊은
동정심을 가진 공작이 피고가 자신에
게 저지른 악행 때문에 중형에 처한 걸 알게 된다면, 분명 관용을
베풀기를 요청할 것입니다. 만일 피고를 극형에 처한다면 공작은
지하에서 눈물을 흘릴 것입니다.

재판관 각하! 변호인은 또 생각합니다. 이토 공작의 깊은 동
정심을 참작하지 않고 피고에게 중형을 판결한다면, 본건 재판 때
문에 공작은 기량이 좁은 인물로 낙인찍힐 뿐 아니라 공작이 한국
에 대해 가졌던 지극한 정을 의심하게 만들지 않을까 두렵습니다.
만일 그렇게 된다면 서거한 공작을 기리는 길이 아니라는 것을 유
의하시기 바랍니다.

결론적으로 일본 형법의 취지를 보건대 피고에게 가벼운 처
벌을 하는 것이 옳다고 믿습니다. 피고에게 유례없는 중형을 내린
다면 본건을 주의 깊게 바라보고 있는 전 세계인은 일본의 재판이
한국인에게 가중처벌*한다고 의심을 품을 수가 있습니다.

또 재판관 각하가 현재 일본 내에서 일어나고 있는 극단적인
반한反韓 감정에 따라 판결한 것이라는 비난을 받아도 변명의 여
지가 없을 것입니다.

그러므로 변호인은 피고에게 형법 제199조와 제166조에 의해 법이 허락하는 범위 내에서 극히 가벼운 처벌을 하길 희망합니다.

재　이제 재판이 다 진행되어 최후의 진술을 할 때가 되었다. 두 변호인이 피고에게 유리한 변론을 했다. 그럼에도 더 할 말이 있다면 지금 해도 좋다.

우　오늘에 와서 딱히 더 할 말이 없다. 한두 가지만 대략적으로 말하자면, 내가 이번에 거사한 것은 일본과 한국 사이에 장벽이 하나 있어, 이 장벽을 없애기 위해 행한 것이니 앞으로는 일본 천황이 내린 선전조칙의 뜻에 따라 한국인을 일본인과 동등한 인간으로 취급해 주고 또 한국의 독립을 공고히 해 달라는 것이다.

안　나는 할 말이 많다.

재　그대는 이제까지 같은 말을 반복해 왔는데 순서를 정해서 한 얘길 또 하지 않도록 하라.

안　그저께 검찰관의 논고가 있었다. 하지만 검찰관이 오해하고 있는 바가 많았다. 그중에서도 가장 중요한 요점을 말하겠다.

　　예를 하나 들어보겠다. 하얼빈에서 검찰관이 취조했을 때 내 아이에 대해 조사했다는 내용이 있었다. 그때 아이에게 내 사진을 보여 주며 "이 사람이 네 아버지냐?"라고 물었더니 "아버지입니다."라고 말했다고 했다. 그런데 내가 고향을 떠난 것은 지금으로부터 3년 전으로 아이가 두 살 때였다. 그 후 전혀 만난 적도 없고 사진을 보낸 적도

완전무결
충분히 갖추어져 있어 아무런 결점이 없음을 말한다.

없는데, 어떻게 다섯 살 먹은 아이가 두 살 때 이후로 본 적이 없는 아비를 기억할 수 있단 말인가. 이 예만 보더라도 심리가 얼마나 허술하게 이루어졌고 오류투성이인지 입증할 수 있다.

또 한 가지는 재판에 관한 것이다. 내가 이번에 한 거사는 개인 자격으로 한 것이 아님을 여러 번 말했기 때문에 이해가 되었을 것이다. 그런데 국제적인 사건을 심리함에 있어 재판관을 비롯해 통역관 변호사에 이르기까지 모두 일본인으로 이루어진 것은 대체 무엇 때문인가? 지금 한국의 변호사도 와 있고, 나의 동생도 와 있는데 그들에게 말할 기회를 주었는가?

또 변호사의 변론과 검찰관의 논고도 통역이 그 대강 내용만을 들려주었을 뿐이니, 이런 점도 내 입장에서는 매우 못마땅할 뿐 아니라 객관적으로 보아도 편파적이라고 판단된다.

또 바로 조금 전 검찰관의 논고와 변호사의 변론을 대강 들었다. 모두들 이토의 시정 방침은 완전무결*한데도 내가 오해하고 있다고 하였다. 이는 완전히 잘못된 것이다. 나는 이토의 시정 방침을 꿰뚫고 있었기 때문에 오해란 말은 당치도 않다. 이토가 한

국에서 벌인 우리나라에 대한 정책에
대해 간략히 말하겠다.

　　1905년, 5개조 조약이 체결되었
다. 그것은 보호조약인데 한국 황제를
비롯하여 한국의 백성들이 보호받기를
희망하지 않았는데도 한국의 요구에
따라 체결한 것이라고 이토는 떠들었
다. 그러나 사실은 일진회*를 사주해 돈
을 주어 운동을 하도록 하고 황제의 옥
새와 총리대신의 승낙도 없이 다만 권
세를 이용하여 기만적으로 이토가 5개
조 조약을 체결한 것이다. 이 조약은 결
코 한국의 희망으로 한 것이 아니다. 이런 점에서 이토의 대한정
책對韓政策에 대해 조선의 뜻있는 사람은 모두 분개하였으며, 여
러 차례 황제께 이토의 정책이 개선되기를 요구했던 것이다.

　　러일전쟁 때 일본 천황의 선전조칙에는 동양의 평화를 유지
하고 한국의 독립을 공고히 한다고 하였다. 그 때문에 한국인들은
이를 크게 신뢰하여 일본과 함께 동양에 우뚝 서고자 희망하였다.
그러나 이토의 정책이 부당하였기 때문에 희망을 버리고 전국에
서 의병이 일어났으며, 최익현*이라는 한국의 훌륭한 선비께서도

일진회
일본의 대한제국 강점을
도와준 친일적 정치 단체.
1905년, 일본이 을사늑약
을 강요할 때에 이에 앞장
을 섰고, 1909년에 통감
이토 히로부미에게 국권
강탈을 제안하는 따위의
친일 활동을 하다가 1910
년 국권 강탈 후에 해산하
였다.

최익현
1906년 74세의 고령으로
의병을 일으켜 구국의병
항쟁의 불씨를 점화시킨
애국지사.

을사늑약 체결을 도운 친일단체 일진회가 1908년 12월 일진회 회장 이용구의 집 앞에서 기념촬영한 것이다.

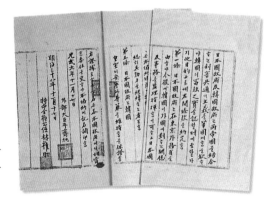

을사늑약 체결 원본. 안중근 의사의 주장대로 을사늑약 본문에는 어디에도 고종황제의 옥새가 찍혀 있지 않다.

의병을 일으켰다가 체포당하였다. 이처럼 하루도 백성이 안도할 수 없는 오늘의 참상은 모두 이토의 정책에서 비롯된 것이다.

그러나 그 후에도 이토의 방침은 조금도 개선되지 않았다. 한국의 선비들은 끊임없이 제안을 올렸으나 이토는 아무런 대꾸도 없었다. 결국 고종황제께서는 세 분의 지사를 헤이그 평화회의에 파견하셨다. 5개조 조약이 폭력으로 체결된 데다 황제의 옥새도 없고 총리대신이 보증한 것도 아니라는 사실을 전 세계에 알리기 위함이었다. 그런데 공교롭게도 무슨 사정 때문인지 평화회의에서는 이러한 내용을 받아들이지 않았다.

그 후 이토는 다시 한국에 와서 궁중에 들어가 칼을 빼어들고 황제를 협박하여 7개조 조약을 체결하였다. 7개조 조약에는 황제를 폐위하고 일본에 사죄의 사신을 파견한다는 내용까지 포함되어 있었다.

이런 까닭에 한국인이라면 신분과 연령을 막론하고 분개하였으며 뜻있는 사람은 할복하여 순국하기도 하고, 백성들은 칼을 들고 일본 군대에 저항하는 병란이 일어났던 것이다. 동시에 수십만 명의 의병이 조선 팔도 전역에서 궐기하였다.

그 무렵, 한국 황제께서 조칙을 내리셨다. 그 내용은 "외국이 조선을 정복하고 있다. 진실로 국가가 위기에 빠져 있고 존망存亡의 기로에 서 있다. 이럴 때 가만히 앉아 나랏일을 방관하는 것은 국민의 의무가 아니다."라는 것이었다. 그 때문에 더욱 분개하여 오늘날까지 싸우고 있는 것이다.

이 싸움으로 오늘까지 학살당한 한국인은 10만 명 이상에 달한다. 즉 국가를 위하여 온 힘을 다해 일하겠다는 다짐을 한 10만여 명의 한국인이 꿈도 이루지 못하고 이토 때문에 학살당하고만 것이다. 생사람을 죽여 머리를 뚫고 새끼줄을 끼운 후 다른 사람을 겁주기 위해 전시하는 극악무도한 이토의 잔악함은 수많은 한국 의병 장교들을 전사시켰다.

이토의 정책이 이처럼 간교했기 때문에 한 명을 죽이면 열 명이 일어나고, 열 명을 죽이면 백 명이 일어나듯 의병이 늘어났던 것이다. 그러하기에 이토의 정책을 바꾸지 않으면 한국은 독립을 이룰 수 없고 전쟁 역시 끊이지 않을 것이다.

이토, 그 자를 일본인들은 영웅이라고 하지만 그는 간사한 자에 불과하다. 그 자는 간사한 계략이 뛰어나 한국을 원만히 보호하고 있다는 듯 언론에 쓰기도 했다. 다른 한편으로는 일본의 천황 혹은 정부에 대해 한국의 보호는 날이 갈수록 진전되고 있는 것처럼 속여 왔다.

그렇지만 그의 죄악을 뼛속 깊이 느끼고 있는 한국인들은 이토를 없애야겠다는 적개심을 품고 있었던 것이다. 사람이라면 누구나 살기를 원하고 죽기를 꺼리지 않는 자가 없다. 하지만 한국

헤이그로 떠난 특사들, 일제 침략을 알리다

1907년 6월에 네덜란드 헤이
그에서 제2회 만국평화회의가
개최된다는 소식을 접하게 된
이준은 비밀리 고종을 만났다.
을사늑약이 황제의 뜻에 의해
이루어진 것이 아니라 일제의
협박으로 강제 체결된 조약이
라는 걸 만국평화회의에서 세
계만방에 알리고 각국의 도움
을 받자는 비밀 대화가 오갔
다. 고종은 마침내 이준, 이상
설, 이위종 3인을 헤이그 특
사로 파견했다.

만국평화회의는 1907년 6월
15일부터 1개월간 개최되었

헤이그에 특사로 파견된 이준, 이상설, 이위종.

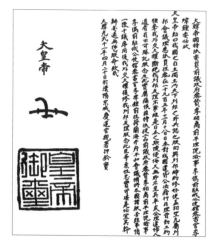

헤이그 특사에게 고종황제가 내린 위임장.

다. 참가국은 46개국, 대표는

약 247명이었다. 세 명의 특사는 만국평화회의 의장에게 고종황제의 친서와 위임

장을 제출하고 한국대표로서 공식 활동을 펼치려 했다. 하지만 일본과 영국의 노골

만국평화회의가 열린 헤이그의 비넨호프.

적인 방해에 부딪쳤다. 이에 세 특사는 일제의 침략을 폭로, 규탄하고 을사늑약이 무효임을 선언하는 '공고사'를 각국 대표와 언론에 공개했다. 언론들이 움직이기 시작했고 동정적인 여론도 흘러나왔다.

위기감을 느낀 일본은 온갖 방법을 동원해 방해공작을 펼쳤다. 하지만 특사들은 일본의 방해에 굴하지 않고 각국 신문기자들에게 을사늑약의 부당함을 설명하였으며 《평화회의보》 1면에 대서특필되기도 했다.

하지만 이런 온갖 노력에도 한 번 뒤틀린 국가의 운명은 제 자리를 찾지 못했다. 각국 대표들이 한국의 청원을 공감하지 않자, 이준은 절망감에 빠져 연일 애통하다가 네덜란드에서 순국하였다. 그리고 헤이그 특사를 빌미 삼아 일본은 고종황제를 끝내 강제 퇴위시켰다.

인들은 늘 도탄*의 고통을 받고 있다.
그렇기 때문에 평화롭게 살고 싶은 생
각이 일본보다 깊고 절실하다.

도탄
진구렁에 빠지고 숯불에
탄다는 뜻으로, 몹시 곤궁
하여 고통스러운 지경을
이르는 말.

　　나는 지금까지 다양한 분야에서
일하는 일본인들을 만나 가슴을 열고 대화를 나눈 적이 많다.
　　먼저 군인과 나눈 이야기를 말하고자 한다. 수비대로 파견된
그에게 나는 물었다.
　　"당신이 이렇게 해외에 와 있지만 고향에는 부모님과 가족이
있을 것이다. 그러니 꿈속에서 고향을 그리워하느라 밤새 잠 못
이룰 것 아닌가?"
　　그러자 그가 울면서 대답했다.
　　"부모님과 처자가 있지만 국가의 명령을 받아 수비대로 파견
되었기 때문에 밤낮으로 고향을 그리고 있다. 참으로 견디기가 힘
들다."
　　"동양이 평화롭고 한·일 양국이 평온하다면 당신이 고통받
는 일도 없었을 텐데."
　　"나는 싸우고 싶지 않다. 그러나 수비대로 복무하고 있는 이
상 싸울 수밖에 없다. 그러니 어찌 고향에 돌아가는 꿈을 꿀 수 있
겠는가. 게다가 일본 정부에는 간신배가 득시글거리면서 온갖 짓

을 저질러 동양 평화는 꿈도 꿀 수 없다. 그렇기 때문에 나는 마음에도 없는 나라에 와서 전쟁을 벌여야 하는 처지다. 그런 자들을 죽이고 싶은 생각이 굴뚝같지만 나 혼자 힘으로는 어쩔 수가 없어 명령에 복종하며 근무 중일 뿐이다."

말을 마친 그는 한숨을 내쉬었다.

또 언젠가는 일본인 농부와 대화를 나눈 적이 있다.

"조선은 농업이 잘된다고 해서 왔다. 그런데 소문과는 달리 곳곳에 폭도가 출몰해서 농사도 지을 수 없다. 그렇다고 이제 와서 고향으로 돌아갈 수도 없다."

"왜 못 돌아갑니까?"

"예전에는 일본도 농업을 지어 먹고살 만했다. 그런데 지금은 전쟁을 벌이느라 세금을 가혹하게 걷고 있다. 게다가 농토는 점점 사라지고 있으니 어찌 돌아가겠는가? 지금 내 심경은 오도 가도 못하니 그저 울고만 싶을 뿐이다."

농부는 일본의 대한정책이 변하기 전에는 몸 둘 곳이 없다며 한탄하고 있었다.

그 후에는 예수회 전도사를 만났다. 나는 항의했다.

"매일 무고한 백성을 학살하는 일본인이 전도사라니요?"

그러자 그가 말했다.

"그건 그렇네. 그렇게 끔찍한 죄를 저지르는 인간은 가련할 뿐 아니라 증오의 대상이지. 그런 자들은 오직 하느님의 힘으로 개과천선의 길로 이끄는 수밖에 없다네. 그래서 나는 그들을 불쌍히 여겨 달라고 하느님께 기도하고 있지."

내 말을 통해 각계각층 일본인들 또한 동양 평화를 희망하고 있음을 확인할 수 있는 동시에 간신 이토를 얼마나 증오하는지 알 수 있을 것이다. 일본인들이 그러하거늘 하물며 한국인들의 심경이 어떠하겠는가? 자신의 친척, 친구가 학살당하는 마당에 어찌 이토를 증오하지 않을 수 있겠는가?

다시 분명히 말하지만 내가 이토를 죽인 것은 그가 동양 평화를 어지럽히는 자이기 때문에 의병 참모중장 자격으로 한 일이다. 결코 일개 자객이 저지른 일이 아니란 말이다. 내 희망은 일본 천황의 뜻과 같이 동양 평화를 실현하고, 나아가 오대양 육대주에까지 모범을 보이는 것이다. 내가 잘못했고 죄를 저질렀다고 하는데, 나는 아무런 잘못도 저지르지 않았다.

재 그쯤 말했으면 이제 되었다고 생각하는데…….

안 아직 안 끝났다. 내가 말한 것처럼 이번 사건은 잘못한 일도 아니요, 오해하여 한 일도 아니다. 이토가 잘못된 대한정책을 취했다는 사실을 오늘에라도 일본 천황이 알게 된다면, 오히려 나를 충신이라고 기특히 여길 것이다. 내 행동으로 인하여 일본의 정책

러일전쟁을 승리로 이끈 일본의 장군과 제독들이 일본 신바시역 부근에 만들어진 개선문을 지나고 있다. 러일전쟁 후 일본의 동아시아 침탈은 더욱 가세가 붙었다.

이 바뀌어 일본 천황의 뜻대로 한일 양
국뿐만 아니라 동양 평화가 영원히 유
지되기를 나는 희망한다.

그리고 마지막으로 언급하고자 한
다. 두 변호사의 변론에 의하면 1899년
맺은 청한통상조약에 의하여 한국인은
청나라에서 치외법권*을 가지고 있고,
청나라 사람은 한국에서 치외법권을 가
지고 있다. 그러므로 한국인이 해외에
서 죄를 범하면 아무런 명문이 없기 때
문에 '무죄'라고 주장했다. 그러나 이는
매우 부적절한 주장이다. 오늘날 모든
인간은 법률에 따라 생활하고 있다. 그런데 사람을 죽이고도 아무
런 제재를 받지 않는다니 말이 되는가?

물론 나는 개인적으로 벌인 일이 아니라 의병으로서 행한 일
이기에 전쟁포로로서 이 재판장에 있는 것이라고 확신한다. 나는
국제공법*, 만국공법*에 따라 처리되기를 희망한다.

재　더 할 말 없는가?

안　더 이상 할 말은 없다.

치외법권
다른 나라의 영토 안에 있
으면서도 그 나라 국내법
의 적용을 받지 아니하는
국제법에서의 권리.

국제공법
주권국가와 국제적 인격
을 가지는 단체들 사이에
서 적용되는 법규.

만국공법
중국에서 간행되어 조선
말기 우리나라에 유입된
국제법 서적으로 미국의
법학자 휘튼이 국제법을
정리하여 쓴 것을 한문으
로 옮긴 것이다.

재   그러면 이것으로 본건 심리를 마친다. 판결은 오는 14일 오전 10시에 언도한다.

오후 4시 15분 폐정

여섯 번째 공판

1910년 2월 14일 개정

미나베 재판장이 판결문을 읽는다.

판결

한국 평안남도 진남포 무직 안응칠 즉 안중근 31세

한국 경성동도 동대문 내 양사동 연초상 우덕순 34세

주문

피고 안중근을 사형에 처한다.

피고 우덕순을 징역 3년에 처한다.

이유

피고 안중근은 1909년 10월 26일 오전 9시경 러시아 동청철도 하얼빈 정거장 안에서 추밀원의장 공작 이토 히로부미 및 그 수행원을 살해할 목적으로 권총을 연달아 쏘아 그중 세 발로 공작을 저격하여 사망하게 하였다. 또 수행원인 하얼빈 총영사 가와카미 도시히코, 비서관 모리 다이지로, 남만주철도주식회사 이사 다나카 세이지로에게는 각기 한 발씩 명중하여 그 손과 발 또는 가슴에 총상을 입혔다. 다른 세 사람에 대해서는 피고의 목적을 달성하지 못했다.

피고 우덕순은 피고 안중근이 전항 이토 공작을 살해할 목적임을 알고 그 범행을 도울 생각으로 1909년 10월 21일, 그의 소유 권총 및 총알 몇 개를 범죄에 사용할 목적으로 휴대하였다. 또 피고 안중근과 함께 러시아 블라디보스토크를 출발하여 하얼빈에 도착하였다. 같은 달 24일에는 함께 남쪽으로 이동해 채가구에 도착한 뒤 그 역에서 범행을 결행하는 데 적당한 장소를 알아보기 위해 다음날 25일까지 역의 형세를 시찰하는 등 안중근의 범죄 예비에 가담한 자다.

피고 안은 1909년 10월 26일, 하얼빈 정거장에 도착한 이토 공작 및 그 수행원을 살해할 목적으로 러시아 군대의 전면을 통과하는 일행 중 맨 앞에 서 있는 사람을 공작이라 여겨 그 오른쪽 뒤에서 먼저 이토 공을 권총으로 연달아 쏘고 또다시 방향을 바꾸어 뒤따라오는 사람들에게 권총을 쏘다가 체포당했다는 것을 이전 공판 과정에서 인정하였다.

피고들의 범죄 사실에 대해 법률을 적용하면서, 먼저 본건에 관하여 본 법원이 법률상 정당한 관할권을 갖고 있음을 설명하지 않을 수 없다.

본건의 범죄지 및 피고인의 체포지는 모두 청나라 영토라 하더라도 러시아 동청철도 부속지로서 러시아 정부 관할이다.

그러나 본건 기록에 첨부된 러시아 정부가 보내온 러시아 국

2월 14일은 밸런타인데이? 안중근 의사 사형선고일!

안중근 의사에게 사형을 선고했던 당시 재판관과 검찰 등 재판부.

밸런타인데이로 우리에게 익숙한 2월 14일은 안중근 의사가 사형 선고를 받은 날이다. 1910년 2월 14일 중국 뤼순 관동도독부 지방법원은 이토 히로부미를 살해한 혐의로 기소된 안중근 의사에게 사형을 선고했다. 2월 7일부터 2월 14일까지 겨우 일주일 동안 여섯 번의 졸속 공판을 치르고 각본대로 끝내 사형을 선고한 것이다.

안중근 의사의 사형 선고일은 일본제국주의가 극에 이른 시점이자 한국 독립운동이 가열차게 시작된 의미 있는 날이었다. 초콜릿을 주고받는 날로만 기억되기에는 안타까운, 우리가 잊지 말아야 할 역사적 기념일이다.

경지방재판소 형사 기록에 의하면, 러시아 관헌은 피고를 체포한 후 곧바로 피고를 신문하고 신속하게 증거를 수집한 후 그날로 피고 모두가 한국 국적을 가진 것이 명백하다고 판단돼 러시아 재판에 회부하지 않기로 결정하였다.

그리고 1905년 11월 17일 체결된 일한협약 제1조에 의하면, 일본 정부는 동경 소재 외무성을 거쳐 향후 한국의 외국에 대한 관계 및 사무를 감리·지휘할 수 있고, 일본의 외교 대표자와 영사는 외국에 주재한 한국 신민과 이익을 보호한다고 되어 있다.

또 1899년 9월 11일 체결된 한청통상조약 제5관에는 한국은 청나라 내에서 치외법권을 갖는다고 명기되어 있다. 이로써 앞서 말한 범죄지 및 체포지를 관할하는 하얼빈일본영사관은 1899년 법률 제70호 영사관의 직무에 관한 법률이 규정하는 바에 따라 본건 피고 등의 범죄를 심판할 권한이 있다고 할 수 있다.

그런데 1908년 법률 제52호 제3조에는 만주에 주재하는 영사관의 관할에 속한 형사사건에 관해 국교상 필요가 있을 때에는 외무대신 등은 관동도독부 지방법원으로 하여금 그 재판을 하게 할 수 있다고 규정하고 있어, 본건에 있어서는 외무대신이 이 규정을 근거로 1909년 10월 27일 본원에 재판을 넘기는 것을 명령하였으므로 그 명령은 적법하다. 이에 의하여 본원이 본건의 관할권을 가지는 것은 명백하다고 하겠다.

동생들에게 유언을 남기는 안중근 의사.

1914년 안중근 의사의 동생 안정근이 제작해 미국 하와이와 샌프란시스코에 보낸 사진 엽서.

피고 변호인은 일본 정부가 앞서 언급한 일한협약 제1조에 의하여 외국에 있는 한국민을 보호하는 것은 본래 한국 정부의 위임에 따른 것이다. 그러므로 영사관은 한국민의 범죄를 처벌할 때 마땅히 한국 정부가 발표한 형법을 적용하는 것이 옳으며 일본제국 형법을 적용할 것이 아니라고 한다.

하지만 일한협약 제1조의 취지는 일본 정부가 그 신민에 대하여 적용하는 공권력 아래 똑같이 한국 신민도 보호하는 데 있다고 해석하는 것이 맞다. 따라서 형사법의 적용에 있어서도 한국 신민과 일본제국 신민을 동등하게 대해야 하고, 범죄에 대해서도 제국 형법을 적용하는 것이 협약의 본뜻에 맞는다. 그러므로 본원은 본건 범죄에는 제국 형법을 적용해야지 한국 형법을 적용하는 것은 아니라고 판단한다.

이에 따라 피고 안중근의 이토 공작 살해는 사람을 죽인 자는 사형 또는 무기 혹은 3년 이상의 징역에 처한다는 제국 형법 제199조에 해당한다. 가와카미 총영사, 모리 비서관, 다나카 이사를 살해하려는 목적을 이룰 수 없었던 행위는 같은 법 제43조, 제44조, 제199조, 제203조, 제68조에 해당하고 따라서 4개의 살인죄를 합하는 것으로 한다.

그러나 그중 피고가 이토 공작을 살해한 행위야말로 그것이 비록 개인적 원한에 의한 것이 아니라 하더라도 깊이 모의하고 숙

고 끝에 나온 것이며 또한 엄중한 경호를
뚫고 도시 전체의 유명 인사들이 모인 장
소에서 감행한 것이므로 살인죄라는 극
형을 내리는 것이 당연하다고 인정한다.

경감
죄인을 가볍게 처분하
는 일.

이 행위에 의해 피고 안중근을 사형에 처한다. 따라서 이 하나의
죄에 대하여 사형에 처함으로써 제국 형법 제46조 제1항의 규정
에 따라 다른 세 개의 살인미수죄에 대하여는 그 형을 부과하지
않는다.

피고 우덕순, 조도선, 유동하는 모두 피고 안중근의 이토 공
작 살해 행위를 도운 자들로서 제국 형법 제62조 제1항, 제63조
에 의하여 동법 제199조의 형에 비추어 경감*하는 것으로 한다. 따라
서 동법 제68조 규정에 따라 경감한 형기 범위 내에서 피고 우덕
순을 징역 3년에 처하고, 피고 조도선, 유동하는 우덕순에 비하여
각 범죄 상태가 가벼워 최단기형인 1년 6개월의 징역에 처하기로
한다.

압수품 가운데 피고 안중근이 범행에 사용한 권총 1정, 또
그런 목적으로 사용하려고 한 총알 1개, 탄소 2개, 총알 7개 및 피
고 우덕순이 범행에 사용하려고 한 권총 1정, 총알 16개는 각기
그의 소유이므로 제국 형법 제19조 2호에 의하여 몰수하고 기타
압수품은 관동주재판사무취급령 제67조, 제국형사소송법 제202

조에 의하여 각기 소유자에게 돌려주겠다.

이상의 이유에 의하여 주문과 같이 판결한다.

1910년 2월 14일

관동도독부 지방법원

판관 미나베 주조

서기 와타나베 료이치

안중근 의사는 사형이 집행되기 전까지 뤼순감옥에서 많은 유묵을 남기셨다. 유묵 대부분은 당시 검찰관, 간수 등 일본인에게 써 준 것들이다. 첫 번째 유묵의 내용은 "적을 맞아 앞서 나가야 함은 장수의 의무다."라는 내용이고, 두 번째 유묵은 "이익을 보면 의로움을 생각하고, 위험을 보면 목숨을 준다."는 내용이다.

뤼순감옥에서의
마지막 아침

뤼순감옥 내부의 모습

1910년 2월 14일, 일본의 각본대로 사형을 선고받은 안중근 의사
는 항소를 포기한 채, 가로·세로 3미터 남짓한 뤼순감옥 특수감방에
서《안응칠역사》와《동양평화론》을 집필하는 데 온 힘을 쏟았다. 《안
응칠역사》는 자서전이고,《동양평화론》은 하얼빈 의거를 일으킨 이유
를 밝힌 것이었다.

재판이 공개되지 않는 상황에서 안중근 의사는 일본인들에게 의거
를 일으킨 이유를 구구절절이 설명할 필요성을 느끼지 못했다. 그래
서 안중근 의사는 항소를 포기한 뒤,《동양평화론》을 저술하여 후세

에 거사의 진정한 이유를 남기려고 하였다. 그러나 이것마저 일본은 허락하지 않았다. 안중근 의사는 책 집필이 끝날 때까지만이라도 사형 집행을 미뤄 줄 것을 요구하였지만 일본은 책 집필을 마치기 전에 사형을 집행하였고, 《동양평화론》은 끝내 미완성으로 남았다.

《동양평화론》에는 한·중·일 간 평화회의 조직과 국제분쟁지역인 뤼순항의 중립화, 공동은행 설립과 공동화폐 발행, 평화유지군 창설 등에 관한 제안이 담겨 있다. 100년이 지난 오늘날, 여전히 평화와 공존을 고민해야 하는 동아시아의 현실을 떠올리면 안중근 의사의 《동양평화론》이 당시 얼마나 진보적인 구상이었는지 알 수 있다.

1910년 3월 26일. 안중근 의사는 오전 9시에 뤼순감옥 사형장으로 끌려가 한 시간 뒤인 오전 10시에 순국했다.

일본은 안중근 의사의 유해가 묻힌 곳이 민중들에게 공개되면 그곳이 항일운동의 성지가 될 것을 우려해 안중근 의사의 유해가 묻힌 곳을 끝까지 비밀에 부쳤다. 지금까지 유해가 묻힌 정확한 위치를 알 수 없는 이유다.

우리는 왜 100년도 더 지난 오늘,
안중근 의사 재판을 참관하러 갔나?

안중근 의사가 이토 히로부미를 하얼빈역에서 저격한 때는 1909
년 10월 26일이었다. 이 무렵, 우리나라는 1905년 을사늑약 체결
로 인해 외교권을 박탈당하여 대외적으로 독립국가로서의 위상을
상실하였다. 또한 일본제국주의는 우리나라에 통감을 파견하여
사사건건 내정을 좌우하기 시작했다.

　　이 시기는 국제적으로도 혼란의 소용돌이가 몰아치는 시기
였다. 1894년 발발한 청일전쟁에서의 승리를 통해 동아시아의 맹
주로 자리하고, 나아가서는 아시아에서 자신들의 지위를 인정받
게 된 일본은 그로부터 10년 후인 1904년 러일전쟁을 통해 만주
및 우리나라에 대한 지배권을 획득하고, 미국, 영국 등과 우호적
인 관계를 맺음으로써 세계적으로도 지위를 군건히 하였다.

　　이토 히로부미는 그 무렵 일본 정계의 막후 실력자로서 러일
전쟁 발발을 주도하였고, 그 전부터 아시아에서 일본의 영향력을

확고히 함과 더불어 실제로도 각국을 일본의 지배 아래 두고자 노력하였다.

따라서 안중근 의사가 재판정에서 한 아래의 말은 그 무렵의 시대적 상황을 정확히 파악하고 있다는 증거였다.

이토를 죽이는 것은 한 개인을 위한 것이 아니라 동양 평화를 위한 일이었다. 러일전쟁 개전 당시 일본 천황의 선전조칙에 의하면 동양 평화를 유지하고 한국의 독립을 공고히 한다는 선언이 있었다. 그 후 러일전쟁이 발생하고 일본이 전쟁에 이기고 돌아왔을 때 조선 사람들은 마치 우리나라가 승리한 것처럼 감격하여 대단히 환영하였다. 그런데 이토가 통감이 되어 한국에 오면서 5개조 조약을 체결한 것은 한국 상하 인민을 속이고 일본 천황의 성스러운 배려를 거스른 짓이다. 그렇기 때문에 한국 상하 인민들은 이토를 죽도록 증오하게 되었고, 5개조 조약에 대해서도 반대를 주장한 것이다.

이토 히로부미는 단순히 우리나라만 침략한 것이 아니라 동양 전체, 나아가 세계에서 일본의 영향력을 확대하기 위해 동분서주하면서 한쪽에서는 전쟁, 다른 한쪽에서는 협상을 통해 자신의 목적을 달성하고자 노력했던 것이다.

사실 이러한 역사가 오늘날과 무관한 과거의 일이라면 우리가 새삼스럽게 안중근 의사의 재판을 참관할 필요는 없을지도 모른다.

그러나 21세기가 시작된 오늘날 동아시아의 상황, 나아가 세계 질서는 안중근 의사가 의거를 일으키던 무렵과 쌍둥이처럼 닮아 있다.

일본은 다시 미국 등과 힘을 합쳐 동아시아에서 영향력을 확대하고자 국제적인 원성을 사면서까지 군사력을 강화하고 있다. 그뿐이 아니다. 우리나라와는 독도를 사이에 두고 영토 분쟁을 일으키고자 안간힘을 쓰고 있으며, 중국, 러시아 등과도 끊임없이 역사와 영토 분야에서 마찰을 빚고 있다.

미국은 100년 전에 그러했듯 동아시아에서의 영향력을 확대하기 위해 일본을 지원하면서 중국과 러시아 견제에 나서고 있으니 동아시아의 정치, 군사적 상황이 위기에 처해 있는 것도 당연한 일이다.

이러한 위기 상황에서 우리나라는 어떻게 해야 할 것인가?

대한민국은 동아시아의 중심에 자리하여 늘 주변 국가들의 이해관계가 충돌하는 장소였다. 우리는 이 위치의 이점을 잘 활용해 앞으로 어떤 역할을 해 나갈 것인지, 또 우리의 생존과 발전을 위해 지금 필요한 정책과 외교는 무엇인지 지혜롭고도 영민하게 대응해야 한다.

안중근 의사의 주장을 되돌아보고 현재 우리가 처한 상황을 직시할 때 비로소 우리가 나아가야 할 길이 보일 것이다.

한국 근대사와 맞물린
안중근 의사의 파란 많은 삶

1876년	강화도조약.
1879년 9월 2일	황해도 해주에서 부 안태훈 모 백천조 씨 사이에서 출생.
1884년	갑신정변.
1894년	16세에 김아려와 혼인.
	김구와의 첫 만남.
	동학농민운동 전국적으로 확산.
	갑오개혁.
	청일전쟁 발발.
1895년	명성황후 시해 사건 발생.
1896년	부친 안태훈이 천주교에 입교.
	고종황제 아관파천.
1897년	19세에 천주교에 입교.
1898년~1904년	천주교 전교 사업. 천주교대학 설립을 추진하였으나 불발.
1904년	한일의정서 체결.
	러일전쟁 발발.
1905년	을사늑약 체결.
	부친 안태훈 사망.
1906년	삼흥학교, 돈의학교 운영. 서북학회 가입.

1907년	석탄회사를 설립했으나, 같은 해 8월 1일 대한제국 군대가 해산되자 만주로 망명.
	정미7조약 체결.
1908년	대한의병 참모중장으로 국내 진공 작전을 추진.
1909년	동지 11명과 단지동맹 결성.
1909년 10월 20일	이토 히로부미 처단 계획을 우덕순과 함께 비밀리에 논의.
1909년 10월 21일	우덕순과 함께 하얼빈으로 출발.
1909년 10월 24일	우덕순, 조도선과 함께 채가구역으로 이동.
1909년 10월 25일	안중근 의사 하얼빈으로 귀환.
1909년 10월 26일	하얼빈역에서 이토 히로부미 저격·체포.
1910년 2월 14일	일본 재판부, 안중근 의사에게 사형 선고.
1910년 3월 15일	《안응칠역사》 탈고. 《동양평화론》 미완.
1910년 3월 26일	오전 10시 뤼순감옥에서 순국.
1910년	한일합병.

찾아보기

사진 제공

안중근의사기념관 15쪽(위), 27쪽, 38쪽, 58쪽(아래), 60쪽, 67쪽, 87쪽, 165쪽, 167쪽
독립기념관 113쪽, 149쪽, 152쪽(아래)
해군사관학교 171쪽(왼쪽)
동아대학교박물관 171쪽(오른쪽)
서울대 규장각 112쪽

- 사진을 제공해 준 기관 및 관계자 분들께 감사드립니다.
- 일부 저작권을 찾지 못한 사진은 확인되는 대로 정해진 절차에 따라 이용료를 지불하겠습니다.